新疆智库资助项目

中国边疆学八题

马大正 著

方志出版社
Publishing House of Local Records

图书在版编目（CIP）数据

中国边疆学八题 / 马大正著. —北京 ： 方志出版社，2022.12
ISBN 978-7-5144-5665-3

Ⅰ. ①中… Ⅱ. ①马… Ⅲ. ①疆界－研究－中国 Ⅳ. ①K928.1

中国国家版本馆 CIP 数据核字(2023)第 001575 号

责任编辑：徐宏
责任校对：刘玉霞
责任印制：梅中英
出 版 者：方志出版社
地　　址：北京市朝阳区潘家园东里 9 号（国家方志馆 4 层）
邮　　编：100021
网　　址：http://www.zgfzcb.cn
发　　行：方志出版社图书营销中心（010-67110500）
印　　刷：廊坊市佳艺印务有限公司
开　　本：787 毫米×1092 毫米　1/32
印　　张：8
字　　数：134 千字
版　　次：2022 年 12 月第 1 版
印　　次：2022 年 12 月第 1 次印刷
定　　价：58.00 元

马大正　1938年出生于上海。现任中国历史研究院学术咨询委员会委员，中国边疆研究所研究员，兼任国家清史编纂委员会副主任。1963年山东大学历史系中国近代史专业研究生毕业。1964—1987年，中国科学院民族研究所实习研究员、助理研究员、副研究员；1987年至今，中国社会科学院中国边疆史地研究中心（2014年后改名中国边疆研究所）副研究员、研究员，副主任、主任，博士生导师。2010年退休。

主要研究方向：中国边疆学、清代边疆史、新疆史等。

主要作品：《马大正文集》、《二十世纪的中国边疆研究——一门发展中的边缘学科的演进历程》（合著）、《热点问题冷思考——中国边疆研究十讲》、《中国边疆学构筑札记》、《中国边疆学构筑论衡》、《当代中国边疆研究（1949—2019）》、《中国边疆经略史》（主编）、《中国边疆治理通论》、《清代中国边疆治理研究》（主编）、《新疆史鉴》（合著）、《漂落异域的民族——17至18世纪的土尔扈特蒙古》（合著）等。

前言

源自20世纪80年代的中国边疆研究第三次高潮，中国边疆史地研究实现了两个突破，即突破了仅仅研究中国近代边界沿革史的局限，开展对中国疆域史、中国近代边界沿革史和中国边疆研究史的全方位研究；突破了研究局限于中国古代边疆史地的状况，将中国边疆历史与现实相结合，探索当代中国边疆现实诸问题。“两个突破”是中国边疆研究第三次高潮的研究特色，而中国边疆学构筑的学术理论和实践经验则是第三次中国边疆研究高潮的最大硕果。

今天中国边疆学研究已成为全社会关注的热点之一，中国边疆学的构筑和研究由学界一家独鸣到百家争鸣，由政界关注度低迷到已成为决策的重要咨询力量，并形成政界与学界的良性互动；而关注边疆、认识边疆、热爱边疆已成为广大民众的集体共识。

我有幸成为中国边疆第三次研究高潮的亲历者和实践

者，40 年间先后出版了《二十世纪的中国边疆研究——一门发展中的边疆学科的演进历程》（合著，1997 年）、《中国边疆学构筑札记》（2016 年）、《当代中国边疆研究（1949—2019）》（2019 年），以及《中国边疆治理通论》（2015 年）和《清代中国边疆治理研究》（2021 年）等学术专著，还有数十篇论及中国边疆学的论文。

我之愚见：中国边疆研究三次高潮，第三次研究高潮实现了“两个突破”，中国边疆学是研究中国边疆历史与现状的交叉学科，现已成为学界共识；从拙著中还可明显看到从中国边疆史地研究的兴旺，到中国边疆研究创新，再到中国边疆学构筑命题从提出到探研，是一个渐进、持续的进程。

近年来，不少学界友人和有志于从事中国边疆学研究的青年才俊希望我能将 40 余年间有关中国边疆学的思考与认识，浓缩编写一册 10 万字左右的普及本，以供学界借鉴、学人入门之需。

言之切切，让我感动。

愚虽已年过八旬，自娱为“80 后”，但身体和思维尚未老朽。2020 年以来先后完成了“马大正边疆文存”（五卷本）、“大正走边书系”（五册）、学术回忆《与书为伴一甲子》。在交替校读上述著作之余，自 2022 年 5 月至 2022 年 10 月，撰写了一册《中国边疆学八题》，算是对学界同人厚爱的回报。

在对中国边疆学认知过程中，我以为如下五个节点是不容忽视的：一是对中国边疆研究千年积累、百年探索，以及 40 年创新实践的总结，是中国边疆学构筑的准备；二是对中国疆域理论的不断探究，是中国边疆学学科建设的基础；三是对中国古今边疆治理理论与实践的全方位、多维度研究，特别是当代中国边疆研究的展开，是中国边疆学研究有效的切入口；四是当代鲜活的现实生活的紧迫要求，是推动中国边疆学发展的推动力；五是中国边疆学研究学术共同体的建设和凝聚，是中国边疆学得以持续发展的保证。

基于上述认识，本书共设八题：

题之一，统一多民族中国和中国的边疆。

题之二，中国边疆研究的千年积累。

题之三，中国边疆研究的百年探索。

题之四，中国边疆研究的四十年创新。

题之五，探研当代中国边疆治理战略是时代的要求。

题之六，中国边疆学是一门极具中国特色的独立学科。

题之七，中国边疆学研究学术共同体建设。

题之八，路漫漫兮，任重而道远。

是呀，“路漫漫其修远兮，吾将上下而求索！”我步履漫散，唠唠叨叨，虽有收获，但离理想彼岸还有漫长的路途！

若这本小册子对当今方兴未艾的中国边疆学的学术探索能起些许助推力，斯愿足矣！

目录

题之一，统一多民族中国和中国的边疆

一、中国的疆域

现在的中国，即中华人民共和国，是统一多民族国家，又是一个有着悠久历史的文明古国。中国的概念有一个历史的发展过程，由最初的京师[①]、华夏地区，到由汉族和其他民族建立的王朝所统辖的地区称为中国，近代以来才专指整个中华民族（包括汉族和其他民族）共有的国家，以区别于其他国家，具有了现代意义上的国家称谓。总之，中国概念的演变是中国统一多民族国家历史发展的产物。

中国疆域的形成经历了数千年的时间，发展道路漫长、曲折，可分作形成、发展、奠定、变迁四个阶段。

---

① 《诗经·大雅·民劳》有“惠此中国，以绥四方”，按：毛传，“中国，京师也”。

秦汉时期是中国疆域的形成时期

秦兴起于西部，长期被认为是戎狄国家。公元前 221 年，秦灭六国统一中国，建立了我国历史上第一个中央集权帝国，中国进入新的发展阶段。公元前 206 年，秦王朝在农民起义军和六国旧贵族的共同打击下灭亡。

秦朝的疆域，东北到辽东半岛西北部，北部到蒙古高原，西部到今甘肃东部及四川、云南一带，南部到大陆南端。秦在这个广大的版图上（包括战国关东六国故地，秦北击匈奴、南取南越新拓之地）普遍实行郡县制，唯一的例外是在部分西夷地区“置吏”管理而未设郡县。秦朝的周边有东胡、匈奴、羌等部族。

公元前 206 年，汉高祖刘邦建立统一多民族国家——汉帝国。9 年至 23 年，王莽篡汉（国号为新）；23 年至 25 年，刘玄称帝（国号为汉）；25 年，汉光武帝刘秀建立东汉帝国，公元 36 年恢复汉朝统一局面。220 年曹丕称帝，东汉灭亡。两汉历时 426 年。地方势力增长和农民起义是两汉灭亡的政治原因。

两汉在秦朝版图的基础上建国，政治、经济、文化中心仍在黄河中下游地区（西汉建都长安，东汉建都洛阳），但疆域范围有所变化和发展。西汉初期，南（南越、东越地区）、北（河套地区）两面有所缩减，汉武帝时开始大规模拓展。极盛时期的汉代疆域与秦朝相比，东北拓展到朝鲜半岛中部，西北拓展到河西走廊和西域地区，西南拓展到哀牢夷地区和中南半岛东（北）部沿海地区以及海南岛北部。

汉朝政治制度承袭秦朝，但行政区划与地方管理制度有所变化。汉朝实行郡、国并行制（不同时期郡国数量、范围有所不同），以后又在郡、国之上设刺史部，监察地方，再后演变成行政区划——州。汉朝对边疆地区大约有三种辖治方式：一是设郡县直接管理；二是设属国间接管理（有的后改为郡县者）；三是设都护、中郎将、校尉等，对西域、匈奴和羌、乌桓、鲜卑各部进行管理。后二者都是羁縻统治。汉朝的周边有沃沮、夫余、鲜卑、匈奴、唐旄、发羌等部族。

汉朝是中国历史上第一个长期存在的统一帝国，是中国主体民族——汉族的形成时期，也是中国疆域形成最重要的时期之一。

隋唐至元时期是中国疆域的发展时期

经历了汉末农民大起义和地方割据与争雄，历史进入三国、两晋、南北朝的大割据时期。魏（220—265）、蜀

（221—263）、吴（222—280）三国除了彼此间争斗外，均对开发治理边疆地区投入相当力量。西晋（265—316），东晋、十六国（317—420），南北朝（420—589），政权更迭频仍，特别是由鲜卑拓跋部建立的北魏于 439 年统一北方，疆域北至蒙古高原，西至西域东部，东北至辽西，南境初以黄河为界，后逐渐拓展至淮河、秦岭，进一步至淮南，形成与南朝（宋、齐、梁、陈）对峙的局面。

581 年，杨坚取代北周，称帝建隋。589 年隋灭陈朝，重新统一中国。618 年，隋炀帝杨广在江都（今江苏扬州）被杀，隋亡。隋朝仅存 38 年。隋朝极盛时期版图未能达到汉代水平，与西晋盛时相比，虽再有河套及蒙古高原东南部，但失辽东、西域西部和云贵高原大部。

618 年，李渊称帝建唐，建都长安。唐朝消灭了地方割据势力，将中国统一多民族国家推进到一个新的发展阶段。唐朝前后时期盛衰反差很大，疆域盈亏亦很明显。极盛时期，不仅拥有秦汉时期的疆域范围（唯缺今云南西南部），而且东北推进到日本海西岸地区、库页岛和朝鲜半岛西南部（曾设熊津都督府），北方推进到贝加尔湖和叶尼塞河上游（属安北都护府），南方拓展到海南岛南部（设振州）。唐王朝对西陲的经营是统一多民族中国发展史上的华彩乐章。为恢复对西域辖治，重开商路，唐朝进行了艰苦斗争。

唐统一西域后，重建西域行政，强化中央政令，有效地行使主权。首先设龟兹（今新疆库车）、于阗（今新疆和田）、碎叶（今吉尔吉斯斯坦北部托克马克城附近）、疏勒（今新疆喀什）4 镇 34 州。不久在西突厥故地天山北路一带，设置北庭都护府，在天山南路，将安西都护府迁往龟兹，统辖天山南路毗沙（治所于阗）、疏勒（治所疏勒）、焉耆（治所焉耆）、康居（治所今乌兹别克斯坦撒马尔罕）、大宛（治所今乌兹别克斯坦塔什干附近）等都督府。安西、北庭都护府的设置并有效行使职权，将天山南北连成一片，成为统一多民族中国的一部分。661 年，于阗以西、波斯以东 16 国附唐，唐于其地分设 16 都督府，下辖 88 州、110 县、126 军府。至此，大唐西部疆界推至咸海，势力范围延至里海。安史之乱（755—763）后，唐朝疆土丧失很多。907 年，已遭农民起义深重打击的唐为后梁所灭。

历时 300 多年的隋唐时期，是我国统一多民族国家发展极为重要的时期，不仅表现为隋唐统一多民族国家疆域广阔，社会政治、经济、文化高度发展，边疆开发与治理内涵丰富，而且表现为周边地区（特别是东北地区、吐蕃和南诏）社会经济发展水平提高，政治上日趋成熟，与中原的交流日益增多。而这一切又构成中国统一多民族国家进一步发展的基础。

随着唐帝国的衰亡，中国进入动荡割据时代，随之而来的是宋、辽、金、西夏南北对峙的新时期。

1206年，蒙古族首领铁木真统一蒙古诸部，后称成吉思汗，建立蒙古汗国。蒙古汗国先攻金进占黄河流域，继而灭西辽、西夏、金和大理，并在吐蕃地区设行政机构进行直接统治。与此同时，蒙古军还西征亚欧广大地区。1271年，忽必烈在内部争位斗争中取胜，定国号为元。1279年，元朝灭南宋，完成古代中国史上空前的大统一。

元朝虽仅存98年，但版图东北至日本海，北至今俄罗斯西伯利亚北极圈内，西北接窝阔台（成吉思汗三子）汗国、察合台（成吉思汗二子）汗国、钦察汗国（成吉思汗孙拔都所建）和伊儿汗国（成吉思汗孙旭烈兀所建），西南接尼波罗、印度、缅甸、越南，东南至海。蒙古四大汗国中，钦察汗国和伊儿汗国名义上对大汗即元帝称藩，但实际是独立国家；察合台汗国初实际上是窝阔台汗国的附庸，两国不承认元帝的宗主地位，联兵反元；察合台汗国后与元通好称藩，并在窝阔台汗国破后并有其大部领地。元朝还设征东行省于高丽，但行省丞相由高丽国王兼任，其原有机构制度不变，故实为藩属国。

元朝的建立标志着古代中国统一多民族国家一个重要发展阶段的结束，也预示着一个新的发展阶段即将开始，古代中国统一多民族国家进入成熟和鼎盛时期。

清代是中国疆域的奠定时期

1368 年，朱元璋称帝，国号明，建都南京，后迁都北京。至 1386 年，在元故有版图基础上，完成了除北元控制区外大部地区的统一。明前期强盛时疆土与元后期基本相同：在东北的鸭绿江一线接壤朝鲜，在北方与蒙古鞑靼、兀良哈、瓦剌各部有不同程度的藩属关系，在西北哈密以西一线与亦力把里（察合台汗国演变而来）相接。至明后期，北方瓦剌、鞑靼、兀良哈诸部地域有所发展，与明相交于西起嘉峪关、东至山海关的长城一线；东北边界退至辽河流域；西北有由各部蒙古建立的亦力把里、叶尔羌、吐鲁番三国（三国国王皆察合台后裔）以及在青海地区的鞑靼土默特部；西南部云南西界也有东移。

明后期，建州女真在东北崛起，1583 年，任明建州左卫指挥使的爱新觉罗·努尔哈赤起兵，1616 年即汗位，建国号金，史称后金。1626 年皇太极嗣立，1635 年改女真族为“满洲”，1636 年即皇帝位，改国号清。清（包括其早期发展阶段）统一全国的行动历时长达 176 年（从 1583 年起兵至 1759 年平定西域结束），最终完成奠定中国疆域的历史使命。

最终完成古代中国大一统伟业的清王朝对全国实施了有效的管辖，以《嘉庆重修一统志》为据，嘉庆二十五年（1820）时全国分为 27 区，即内地 18 省、盛京 3 将军、蒙藏准回 6 区。18 个设省地区既有汉族聚居区，也有少数民族聚居区（在直隶、山西、云南、广西等省），并继明以后展开了更大规模的改土归流。在东北地区设有奉天将军（盛京将军）、吉林将军（初为宁古塔将军）、黑龙江将军等三将军辖区。在西北有总统伊犁等处将军和定边左副将军（驻乌里雅苏台）等两将军辖区。在漠南蒙古和套西蒙古两地区设盟旗辖治。在青藏地区设西宁办事大臣和驻藏办事大臣两辖区。

总之，清在继承古代中国历代治国安边经验的基础上，在加强国家统一、克服割据势力、反对外来侵略、加强边疆治理与开发等方面留下了大量宝贵经验。当然，清在治国安边方面的历史局限性也是明显的。随着清社会发展步伐的放慢和其统治阶层的日趋腐朽，在帝国主义列强入侵时，国家、民族危机和各种社会问题就暴露出来了，1840年以后中国进入一个新的历史阶段。

清中叶以来至民国时期中国疆域的变迁

19世纪中叶以后，帝国主义列强入侵中国，割占中国领土，是本时期最重要的边疆大事。资本主义列强侵占中国领土大致可分为三种类型。

第一种是邻国强占我国领土。以俄国为典型。在东北，俄国通过强迫清王朝签订1859年《中俄瑷珲条约》和1860年《中俄北京条约》，强占黑龙江以北和乌苏里江以东地区；在西北，俄国通过签订1864年《中俄勘分西北界约记》、1881年《中俄伊犁条约》等不平等条约，强占了从唐努乌梁海、科布多到巴尔喀什湖、帕米尔地区的大片领土。日本是又一个典型，首先将海外殖民目标对准中国的邻国朝鲜，继而在甲午之战（1894）中打败中国，次年迫使中国签订中日《马关条约》，割占中国的台湾省。

第二种是欧洲强国将我国领土纳入他们在中国周边国家建立的殖民地。英、法两国是典型。英国将北起帕米尔，经西藏至云南的不少中国领土并入其殖民地；法国将滇南乌得、猛乌二土司划入法属交趾支那。

第三种是列国强租、强占中国沿海地区。葡萄牙在澳门，英国在香港、威海卫，德国在胶州湾，俄国（后为日本）在旅顺口大连湾，法国在广州湾都采取了这种手段。

伴随着中国边疆危机的加深，清王朝对边疆地区的政区管理体制进行了一定的改革，这些改革有益于中国统一多民族国家及其疆域的进一步巩固，也是此时期中国边疆发展的大事，包括：1884 年设新疆行省，置巡抚驻迪化（今新疆乌鲁木齐），同时仍设伊犁将军驻惠远城，辖伊塔道；1885 年设台湾行省，置巡抚驻台北；1907 年设奉天、吉林、黑龙江行省，置巡抚分驻奉天府、吉林府、龙江府。

1912 年 1 月 1 日中华民国成立，2 月清帝逊位，以孙中山为首的南京政府让位于以袁世凯为首的北京政府。1916 年袁世凯死后，各派军阀纷争割据。1928 年，国民党领导的南京国民政府完全取代北京政府。民国初年，中国边疆形势依然十分严峻。在外蒙古有沙俄导演的“独立”“自治”事件。1914 年，唐努乌梁海地区被沙俄出兵霸占。1913 年至 1914 年，英国策划了旨在统治西藏的西姆拉会议，中国政府代表拒绝签字并声明不承认所谓英藏《西姆拉条约》。

20 世纪 30 年代以后，民族危机达到巅峰。1931 年，“九一八”事变爆发，东北大好河山被日本侵占。1937 年，抗日战争全面爆发，日本侵略军入侵东北、华北、华东、华南、西南等地区，不但大片边疆领土沦陷于日人之手，中原内地亦有许多地区先后为日军占领。1945年，中国人民抗日战争和世界人民反法西斯战争胜利结束。战后，中国不但收复了大陆的失地，而且收回了被日本侵占50年的台湾省以及在第二次世界大战中被日本侵占的南海诸岛。1946年1月，国民政府承认外蒙古独立（唯详确疆界尚待勘定），这是20世纪以来中国疆域最大的变动。

自鸦片战争爆发以来，特别是进入20世纪以来，在国家、民族、边疆危机日益加深之时，国人中的有识之士在指出中国“寇深矣”的同时，还强调了“病革矣”。“寇深矣”即外患严重，这是一目了然的事实；“病革矣”即内忧严重，中国社会发展遇到了严重阻碍。中国向何处去，是摆在国人面前的最严峻问题，然而回答好这个问题就不那么简单了，中国为此付出了几代人的努力。从改良维新到民主主义革命，20世纪前半叶，中国社会开始发生巨变，资本主义民主革命思想和社会主义、共产主义革命思想相继传入中国，科学救国、教育救国、实业救国等亦有众人尝试。经过近40年的矛盾斗争，1949年10月1日中华人民共和国成立，标志着中国统一多民族国家发展进入一个新的历史阶段。

二、边界、边境、边疆和中国边疆的界定

在思考中国边疆学时，首先要弄清边界、边境、边疆和中国边疆这几个名词。

边界，是指国与国之间的交界线，世界上任何一个国家都存在国与国交界的边界。

边境，是指边界线内侧一定范围的地区，一定范围没有统一规定，一般定在30~50公里，也就是边界内侧30~50公里范围的地区即是这个国家的边境地区，世界上任何一个国家都存在上述的边境地区。从当代中国实际看，为便于管控，我们以县级行政范围为单位，将凡是有边界线的县称为边境县。

边疆，是一个含义较广的概念，国内外文献作出的解释相对一致。一般都解释为“靠近国界的那地方”，有的说：“边疆，边境之地”[《辞源》修订版（合订本）第1683页，商务印书馆，1989年]。有的则说：“边疆，靠近国界的领土”（《现代汉语词典》第74页，商务印书馆，1997年）。在外文辞书中，边疆是指一个国家的边远地区。

总之，中外文献中，把边疆解释为一个国家比较远的、靠近国境的地区。边疆，我们还可以从两个视角进行观察，从国家中心区域视角观察，边疆即是远离中心区域，且有边界线的边远地区，而从边界线视角看，其地域范围要大于习惯上的边境地区。因此，世界上一些国土面积小的国家就难以划出与中心地区相对而言的边疆地区，即使一些国土面积辽阔的国家，诸如美国、加拿大、巴西等国，若依界定边疆地区两个条件，即有边界线，且具有自身历史、文化特点衡量，也难界定哪些可划为边疆地区。

中国边疆，有自身特点。认识当代中国边疆，第一，要记住中国边疆包括陆疆和海疆，海洋国土千万不能忘。

第二，中国的陆地边疆是指沿国界内侧有一定宽度的地区，必须具备下述条件的地区才可称之为陆疆地区，即：一要有与邻国相接的国界线，二要具有自然、历史、文化诸方面自身特点。据此，当代中国的陆疆省区包括黑龙江省、吉林省、辽宁省、内蒙古自治区、甘肃省、新疆维吾尔自治区、西藏自治区、云南省和广西壮族自治区。如果将上述两个条件综合考虑，将凡是有国境线的边境县的总和视为中国的陆地边疆更符合实际。顺便提及，在当今人们习惯中，也有将宁夏回族自治区、青海省、贵州省称为

"边疆地区"，其实这是不确切的。我们可以称它们为"边远地区"，但不能称之为边疆地区，因这些省区均不具备邻国相接的国界线。

第三，海疆的界定，似乎比陆疆的界定要复杂得多。综合现有认识，海疆可以包含两大部分：一是大陆海岸线至领海基线之间的海疆，这是国家的内海，其法律地位与领土完全相同；二是领海基线以外的国家管辖海域，包括领海、专属经济区和大陆架等国家管辖的海域和岛屿，这两大部分，构成了中国的海疆。据上述标准，中国的海疆，从鸭绿江口到曾母暗沙有 4000 余公里，东西宽 700~1600 公里，除渤海属中国内海外，还有黄海、东海和南海，按海域划分，可以分为黄海海疆、东海海疆和南海海疆，中国可管辖海域面积一般的统计数字是 340 万平方公里。在这个广阔的海疆国土范围内，岛屿的数量非常多，据不完全统计，面积大于 500 平方米的岛屿有 6961 个，有人居住的有 433 个，其中最大的岛屿是台湾岛和海南岛，面积在 500 平方米以下的岛屿和岩礁近万个。

还需指出，就中国而言，海疆的含义经历了一个从历史到现代逐渐演变的过程，现代海疆的形成实际上是古代海疆的延续和发展，古代海疆与现代海疆概念内涵并不完全相同，它有一个由模糊到逐渐清晰的演变过程，中国海疆的形成是历代王朝的沿海地区长期不断开拓的结果，是一种被赋予了政治、地理、经济、人文、历史特征的多元化边疆。古代海疆是由沿海区域和近岸海岛构成，是传统国家领土不可分割的一部分，但不同的历史时期又有不同地理范畴，因此，从这个意义上看，中国古代的海疆泛指沿海的广大地区，具体到历史时期而言，则是指沿海的州县、府、道、路和郡国等行政建制所管辖的地区。

第四，边疆又是一个历史概念，它是随着统一多民族国家的形成和发展而逐渐形成和固定下来的。中国是一个统一的多民族国家，历史悠久，文化灿烂。自秦始皇建立中央集权国家以来，出现过多次大一统局面。秦汉王朝开创了全国统一的先河，隋唐王朝疆域的开拓，扩大了中原传统政治、经济和文化与边疆地区的联系，实现了“华戎同轨”，“冠带百蛮，车书万里”（《旧唐书·玄宗纪下》）。宋、辽、金时期，汉族与边疆各少数民族在新的历史条件下进一步增强了中华意识，各族人民克服了战争造成的种种困难，内地和边疆的开发与交流进一步发展。蒙古族建立的元朝，开创了我国少数民族一统全国的先例，中原和边疆地区的政治、经济、文化乃至民族本身，进行了长达百年富有特色的大融合，改变了统一多民族国家的传统结构和狭隘观念。及至明、清，特别是清朝前期，在元、明两代基础上实现了新的全国大一统。清初划分 18 省，即直隶、山西、山东、安徽、江苏、浙江、江西、河南、湖北、湖南、广东、广西、四川、贵州、云南、福建、陕西、甘肃。其中云南、广西以及台湾、海南和南海诸岛虽划入 18 省，但地处边陲，与邻国接壤，清王朝对这些地区的政策与内地有所区别；除上述地区以外，一般都视为边疆地区。

在历史发展长河中，有战乱，有分裂，但每次战乱和分裂，都为下一时期更大范围的统一和发展准备了条件。因此，在讨论历史上的边疆问题时，应考虑如下两个相互关联的因素：首先是指与中华人民共和国边界相连接的省区；其次是以此为基础，上溯古代，参考历代封建王朝边疆的实际情况予以综合考察。这就是说，当代的中国边疆与历史上的中国边疆有历史的继承性和延续性，但当代中国边疆又不能与古代的边疆简单地画等号，因为中国古代疆域呈现着稳定性与波动性相结合的特点。

综上所述，可以这样认为：

第一，边疆是一个政治概念。在中国历史上，国家政权在这一区域的统治形式往往呈现两种极端局面：一种是高度的中央集权统治，甚至是军事管制；另一种则是高度的地方自治。至于在某地实施哪种方式，则是因地制宜或因时而异。所以，从某种意义上讲，历史上的中国边疆形式上是由国家政权的统治中心区到域外的过渡区域，即由治向不治过渡的特定区域。

第二，边疆有军事方面的含义。边疆地区是国家的国防前沿，即边防地区，因此在军事方面的战略地位自然十分重要，在国家面临外部军事威胁或武装侵略时就更为突出。

第三，边疆有经济方面的含义。由于自然环境和人文、社会条件等方面的原因，边疆地区在经济区域类型和发展水平方面往往与内地有着较大的差别。

第四，边疆也有文化方面的含义。正是因为边疆地区在以上诸方面往往与内地有不少差异，所以其区域文化类型的形成是边疆地区社会发展长时期、深层次演进的结果，与边疆地区的居民构成（主要是民族或种族情况）有着十分重要的关系，但即使是同一民族在与外部的文化交流中（主要是边疆与内地的交流），其社会文化特点也会发生变化。

显然，中国边疆是一个历史的、相对的概念，只有综合地考虑了政治、军事、经济、文化和地理位置等方面的因素后，才能得出一个相对明确的答案。从历史角度看，许多少数民族自治地方（在不同时代、不同地区民族自治的本质和形式有别，如在古代有羁縻府州、土司地方等）属于边疆地区，但也不能就此得出自治程度高的地区就是边疆地区的结论。

事实上，人们在研究边疆问题时都有自己的着眼点，其中既有综合性考虑问题的，也有就某个局部问题进行研究的。在对历史上的边疆进行研究时，应历史地、多层次地、多角度地考察边疆问题，既要有重点地对不断发展的统一多民族中国边疆进行研究，也要从边疆的某个单一视角或对某些局部问题进行研究。

三、中国边疆的发展大势与历史特点

（一）发展大势

有着广袤疆土和众多国民的统一多民族的中国，是经过一个漫长的发展过程后大致定型于现代状态的。这一过程十分漫长而曲折，自先秦时期起，在现代中国领土内开始形成一个核心区域，而这个核心位置并不固定于一地

（大致在黄河中下游至长江中下游一带）。在这个中心区域建立政权的既有华夏，也有夷狄，既有汉族，也有其他少数民族。当一个处于中心地位的政权因内部原因（如政权腐败、政治分裂、经济崩溃等）、或因外部原因（如处理不好内外关系、外敌入侵等）、或因内外交困而垮台时，就会有一个新生的、较有生气的政权接替前者，这就是历史上常见的王朝兴衰交替现象。当然，单一的中心分成两个或更多的中心在历史上也是十分常见的现象，这就是人们经常提到的割据时期。但是，即使是在多政权割据时期，每个有作为的统治者往往认为自己是更大范围中心的代表，而且努力将这种愿望付诸实施。在经过一番努力后（时间或长或短，过程或顺利或曲折），最终一个范围更大的、统一程度更高的国家就诞生了。到了清代，古代中国统一多民族国家发展到最高水平。进入近代，外来侵略威胁日益严重，同时自身内部的社会经济问题也在日益恶化，中国开始沦为半封建半殖民地社会。在危机四起后，中国人开始寻求新的富国强邦之路。经过百余年的奋斗，一个统一多民族国家——中华人民共和国诞生并发展起来。

边疆地区的发展是统一多民族的中国发展过程的有机组成部分，全国范围的发展状况决定了边疆地区的基础，边疆地区的发展状况也对全国范围的发展产生重要的影响。中国历史上的边疆大致有三种发展趋势或者是到当代为止的归宿：其一，原为边疆地区，经过长时期甚至是有反复的发展逐步变为内地的一部分；其二，曾是域外或边疆地区，经过长时期甚至是有反复的发展，现在仍为中国边疆的组成部分；其三，由于外来势力的影响（直接的或间接的），曾是中国边疆有机组成部分的地区成为我国域外之地。如果从宏观角度观察中国边疆的发展大趋势，那么结论只能是在历史发展的长河中，随着统一多民族国家的发展、壮大，由局部的小统一，到全国的大一统，终使广大边疆地区日益成为统一多民族中国的有机组成部分。

（二）历史特点

中国边疆是中国统一多民族国家长期发展的产物，其不但有着较明显的自然特征，更有着源远流长的特点。辨析中国边疆的历史特点，对于加深理解中国统一多民族国家发展的全过程和研究中国边疆问题有着十分重要的意义。如作简要的概述，中国边疆至少包括以下特点：

第一，悠久的历史——曲折发展过程中的连续。中国是世界上著名的文明古国，而且是世界各早期文明国家中唯一没有中断自身文明发展过程的国家。在这一大前提条件下，中国边疆不但在人类文明史中具有最悠久的发展史，而且其发展史具有明显的连续性。中国边疆地区的发展史一般均可追溯到上古时期的石器时代，各个边疆地区社会发展速度或快或慢，但都或早或迟地纳入中国统一多民族国家连续性发展的轨道。中国古代文明最早是在中原农业区发展起来的，在中原以北、以南这两个大方向上（包括东北、西北和西南）存在着游牧民族和热带、亚热带丛林地带的农业民族，扩大了的中原地区构成发展中统一多民族的中国之中心地区，其外则是广阔的边疆。在漫长的岁月里，中原与边疆地区交往不断（既有经济、文化交流，也有政治辖治或战争），中国边疆也就在这样复杂的环境中曲折发展。在面临近代中国边疆危机，即资本主义殖民者入侵以前，中国边疆形势发展的总趋势是朝着有利于统一多民族国家发展的方向演进的，即使是来势凶猛且入主中原的北方游牧民族也从未中断过中国历史发展的进程。到了 19 世纪中叶，资本主义殖民侵略者给中国带来新的边疆危机，这是与以往中国边疆问题性质截然不同的社会危机，中国独立发展的历史面临着中断的危险。但是，强烈的挑战也逐步唤起了中国人民，经过百余年艰难曲折的探索与奋斗，统一多民族的中国再兴起，中国边疆也在继承数千年历史遗产的基础上进入新的发展阶段。

第二，广阔地域——分散发展演进后的统一。中国是一个有着辽阔领土的统一多民族国家，其边疆地区地域亦十分广袤。从东北到西南，陆地边疆地区面积即超过全国面积的一半，此外还有十分辽阔的海疆。中国各边疆地区在社会人文环境与自然条件方面往往存在着巨大的差异，中国边疆是在分散发展演进后统一为一体的。这里所讲的分散与统一均有两重含义：讲分散，从全国角度看边疆分散为若干相对自成体系的局部；讲统一，既有各大边疆区域逐步统一于中国的进程，也有各个边疆区域内部趋于一体的演进。每个大的边疆地区都有相对自成体系的发展史，这既是本地区的社会发展，也是统一多民族国家边疆史的重要组成部分。

东北边疆地区，地处东北亚一隅，东有海，西有大兴安岭山脉，北至东北、西北部高寒地区，南则与华北地区相接。该地区有漫长的地区社会发展史，时常与蒙古高原和朝鲜半岛的社会发展有联系，但更主要的是与中原地区的发展密切相关。在东北地区自身社会发展的基础上，中原地区政权对该地区的辖治时进时退，当契丹、女真（即后来的满洲）在该地区发展起来并逐步进入中原地区后，该地区作为中国辽阔边疆一部分的地位得到进一步的巩固。

北部边疆地区，主要是蒙古高原地区，这里地势开阔，适于牧业发展，但也时遇恶劣气候造成天灾。该地区的经济以游牧为主，社会发展波动性较强，居民流动性亦强。该地区自古就与中原地区联系密切，战争、和亲、经贸人员交往及移民都是连接纽带。当蒙古族在这一地区有了历史性的发展后，该地区作为中国北部边疆的地位也随之得到进一步的确认。当然，北部地区的社会发展与东北地区、西北地区的发展也有多方面的联系。西北边疆地区，地域广袤，间有高山、荒漠分隔，这里交通路线漫长而崎岖，但又是东亚至中亚及南亚、西亚、欧洲经济文化交流和民族迁徙的重要通道。这就导致了该地区社会发展的曲折复杂局面，但各地区分散发展基础上的统一趋势却是十分明显的。

西部边疆地区，主要是青藏高原地区，高山大川的阻隔延迟了该地区统一发展的进程，但自吐蕃在此兴起以后，该地区与内地及其他边疆地区的联系日趋紧密，日益加深的多方面的双向交流最终导致这里成为中国边疆的重要组成部分。

西南边疆地区，热带亚热带高原、平坝地形更加复杂，自然环境也为小规模人群提供小范围的生存空间，这里的居民有着漫长的相对与外世隔绝的发展进程，但是缓慢却坚实，少有反复的统一发展历程则代表了该地区社会发展的主要方面，继实现地区性统一的南诏、大理兴起之后，统一于中国版图的西南边疆地区的发展已稳定地融于中国发展历程之中。南部沿海及海岛（主要有台湾岛和海南岛）地区，也有着边疆地区相对独立发展和逐步融于全国性发展进程的历史发展历程。

第三，多样的民族——自立发展基础上的融合。中国是一个统一多民族国家，现代被确认的民族有 56 个，而中国历史上的民族（部族）演进则是一个十分复杂的问题。中国边疆问题与中国民族问题有着十分密切的关系，这不仅因为中国边疆地区是各少数民族的聚居地，而且各民族在自立发展（各民族都有以自己为主线的发展史）基础上的融合发展是构成统一多民族中国边疆的基石。在这里，我们应该确立一个衡量民族发展的标准——任何形式的融合都是民族发展历史上的进步。汉族是中国人口最多的民族，也是居住分布最广的民族，汉族的发展对统一多民族中国及其边疆形成和发展具有至关重要的意义。汉族有着十分漫长而从未间断的发展史，而汉族得以以现代如此强大的状态自立于世界民族之林的重要原因之一就是与其他民族的不断融合。

华夏民族是汉民族的主源，但华夏民族在自身发展过程中也与蛮、夷、戎、狄诸族结下长期的不解之缘。形成于先秦时期并在古代中国成为传统的“夷夏观”并不是唯种族血缘论，文化的标准在辨华夷时占有主导性的地位。秦汉的统一，促进了汉民族的形成，也促进了汉民族与周边其他民族的融合。汉民族自形成后保持了不间断的自立发展史，并大量融合了其他民族人口，同时融于周边其他民族的汉族人口也有相当数量，正是因为存在这种双向融合现象，进而促进了更大范围的民族融合。一般地说，中国其他民族的自立发展和民族融合往往曲折和复杂些。史料的缺乏妨碍了后人对少数民族发展史的研究，古代中国少数民族自身发展道路也是十分多样化的。一些民族流动性大，与其他民族的交流、融合程度和规模也大，不少曾显赫一时的民族其自立发展史未能长期延续；一些民族则很少迁徙，与外部社会的交流也少，社会发展缓慢延续。许多北方游牧民族属于前一种类型，而众多热带、亚热带丛林农耕民族往往属于后一种类型。经过漫长的历史演进过程，最终形成统一多民族中国的主人——中华民族。在中国边疆地区，还有一种民族现象也很普遍，这就是跨界民族的存在。形成一个民族跨界而居的历史是复杂的，但在我国，许多跨界民族是在资本主义殖民者入侵中国及其周边国家的过程中形成的，而这种跨界民族现象的存在又增加了中国边疆地区民族问题的复杂性。

第四，复杂的问题——多重矛盾发展的叠加。从历史发展的角度观察问题，中国边疆是中国统一多民族国家发展到一定历史阶段的必然产物，是社会多重矛盾发展叠加的结果。作为中国统一多民族国家的有机组成部分，全国性发展所遇到的矛盾在边疆地区也会发生，这是矛盾运动具有普遍性的一面。这类矛盾包括人类生存发展与自然环境制约的矛盾、生产力发展与生产关系的矛盾、社会不同阶级和阶层之间的矛盾、不同民族间的矛盾、不同文化传统和意识形态的矛盾、国家与国家之间的矛盾等。辨析这些矛盾运动是认识中国边疆问题的前提。与此同时，不可忽视的是，中国边疆社会矛盾运动还有其特殊性，不同边疆地区的社会矛盾运动又有其特殊性，辨析这些边疆特殊矛盾运动是认识中国边疆发展现象的关键。边疆地区社会矛盾的特殊性往往体现为上述各类矛盾更集中地发生于一地，多重矛盾的叠加增加了边疆地区社会矛盾的复杂性，这对辨析矛盾线索脉络和寻求解决矛盾的方法都增加了难度。

面对中国边疆十分复杂的历史特点，我们认为中国边疆可以作为一个独立完整客体供人们进行研究，这首先取决于内涵十分丰富而复杂的中国统一多民族国家及其边疆发展中的特定内涵。

题之二，中国边疆研究的千年积累

中国历史悠久，疆域辽阔。史学发达是中华文明优良传统之一，关于边疆纪实及研究的历史遗产既是前人对边疆实况的记录，也往往反映了著者的世界观和方法观。前人对边疆状况的记述和对边疆问题的研讨是多角度、多层面、多形式的，但对后人而言，中国边疆研究的千年积累均以历史文献的形式保留下来，至18世纪末，文献种类繁多、数量巨大。

今试作如下分类概述：

一、编年体史书和起居注、实录

编年体史书是我国历史最悠久的历史著作，而起居注和实录则是经整理加工的编年历史文献集。

《春秋》、《左氏春秋》(《左传》) 是我国传世的最古老的编年体史书，如果说《春秋》尚不成为史书体裁，《左传》则已是完备的编年体史书。《左传》为后人留下了大量包括边疆史事在内的宝贵资料。秦汉魏晋南北朝隋唐时期，均有编年体史书问世，但留存至今的并不多，其中最重要的有荀悦的《前汉纪》和袁宏的《后汉纪》，至司马光著《资治通鉴》，我国古代编年体史书的编著达到高峰。《资治通鉴》取材广博而又精审，成《资治通鉴考异》一书而创“考异法”治史。司马光为后人留下了宝贵的史学遗产，但由于他政治上的保守立场，导致该书在述评边事等方面的偏差和失真。后人对《资治通鉴》的注释、研究很多，其中以胡三省的《资治通鉴音注》最为重要，而王应麟的《通鉴地理通释》，则为考证古地理的重要著作，对边疆研究亦有价值。受《资治通鉴》影响，编年体史书不断问世，其重要的有李焘《续资治通鉴长编》、李心传《建炎以来系年要录》、徐梦莘《三朝北盟会编》《宋季三朝政要》《宋史全文续资治通鉴》、毕沅《续资治通鉴》、徐乾学《资治通鉴后编》、谈迁《国榷》、夏燮《明通鉴》等。

起居注是史官积累的原始资料，但清以前起居注得以传世的只有温大雅的《大唐创业起居注》。每一帝王死后，下一朝的群臣根据起居注和日历等纂修而成实录，故每代最后一朝均无实录。至迟从梁武帝时即有实录，但明以前各朝实录只有宋《太宗实录》尚存部分。明清各朝实录基本保存完好，为后人研究明清史留下了大量珍贵史料，其中涉及边疆事务的也相当丰富。实录有很高的史料价值，但其间有意无意的差错也有不少，如明《太祖实录》、《光宗实录》和清太祖、太宗、世祖三朝实录均经重修或修改，造成许多失实之处。清屡次修订前三朝实录的主要原因是想掩盖其曾藩属于明的历史，而这些内容恰与明东北边疆史密切相关。清代还有官修《东华录》传世，该书性质略同实录简编。

二、纪传体通史和断代史

这类著作是我国历史上创作时间很长（延续两千多年）、成果最丰（数十部）、最为成熟（自身体例比较完善，相关的注释与研究著述亦多、学术水平亦高）的历史文献，因此也是相对最有价值的文献。这类著作的主体就是被视为传统正史的二十六史（如只计二十五史，则无《新元史》，只计廿四史则再去《清史稿》）。如按编纂者情况分类，二十六史大致可分为三类：一是出于个人私撰的有《史记》、《后汉书》、《三国志》、《南齐书》、《南史》、《北史》、《新五代史》和《新元史》；二是受命于统治者而实出于一二人手笔的有《汉书》、《宋书》、《梁书》、《陈书》、《魏书》、《北齐书》和《新唐书》；三是出于统治者直接控制下的众史官之手的有《晋书》、《周书》、《隋书》、《旧唐书》、《旧五代史》、《宋史》、《辽史》、《金史》、《元史》、《明史》和《清史稿》。二十六史成书的条件各不相同，各书的质量与成就也很悬殊，但这些书的编写目的都是要通过总结历史经验来服务社会，加强和完善国家统治秩序。这也正是二十六史被奉为传统正史并得以广为流传的基本原因。

司马迁作《史记》，开纪传体史书之先河。该书以十二本纪、十表、八书、三十世家、七十列传共130篇的篇幅从不同角度记述了从上古至作者生活时代的历史，为后人留下大量宝贵的历史资料。该书字里行间也反映出作者的历史观和史学观，加上各篇末所附的“太史公曰”和作为作者自传与全书序言的《太史公自序》，这也为学术史研究提供了宝贵的素材。边事活动往往是国家社会政治活动中的大事，司马迁对这类边事活动予以高度重视。同时作者也很重视对边疆民族地区社会状况及经济文化生活方面的记述，《匈奴列传》、《大宛列传》、《西南夷列传》等是我国现存成文最早，系统地记述各有关边疆地区社会现状与历史情况的文献。班固作《汉书》进一步完善了纪传体史书体例，成为后世修史最重要的范本。该书《地理志》是中国传统正史中第一部地理志，也是第一部较为系统论述边疆史地的著作。该志首先引用《尚书·禹贡》和《周礼·职方》以说明先秦时期地理之概况，然后对西汉时期郡县封国建置经过和变革，以及各地的山川、户口、物产、风俗、文化与海外交通作了综述。该志继承发展了《禹贡》纪实性学术倾向，加之作者有着管理和使用官方图籍档案资料的便利条件，将众多史料（包括人口数据等）收入志中。该志将纵向的沿革变迁与横向的行政区划较好地组织起来，所创体例为后世历代正史效法。《史记》、《汉书》问世后，对这两部书的注释与研究也逐渐成为一种学问，《史记》的裴骃、司马贞、张守节三家注和梁玉绳的《史记志疑》等，《汉书》的颜师古注和王先谦的《汉书补注》等也是宝贵的史学遗产。

继《史记》、《汉书》之后，历代修史不绝，对各部史书的注释与研究也在不断进行。裴松之注《三国志》，对原书略者详之，缺者补之，谬者正之，疑者存之，如裴注引王沈《魏书》载曹操之语："夫定国之术，在于强兵足食，秦人以急农兼天下，孝武以屯田定西域，此先代之良式也。”这些都是后人研究历史不可忽略的参考资料。至清代，对历代正史的研究又发展到一个新阶段，钱大昕的《二十二史考异》、王鸣盛的《十七史商榷》和赵翼的《廿二史札记》即本时期研究成果的代表。

三、典志体史书

初创典志体史书体裁的是唐代刘秩的《政典》，而唐代杜佑的《通典》则成为十通之首。正如《四库全书总目提要》所言:《通典》“每事以类相从，凡历代沿革悉为记载，详而不烦，简而有要，原原本本，皆为有用之实学，非徒资记问者可比，考唐以前之掌故者，兹编其渊海矣”。对于边疆问题研究，《通典》中的《食货》、《职官》、《州郡》、《兵》等部分均有大量有用资料，《边防》一门十六卷则更全部是记述边事和周边少数民族事务的。继《通典》之后，又有宋代郑樵《通志》、宋末元初马端临《文献通考》和清代官修的《续文献通考》、《续通典》、《续通志》、《清文献通考》、《清通典》、《清通志》及刘锦藻《清朝续文献通考》等著作问世。《清文献通考》中《田赋考》增《八旗田制》,《钱币考》增《回部普儿》,《土贡考》增《外藩》,《封建考》增《蒙古王公》等,《清朝续文献通考》增《外交》、《邮传》等，这样就在舆地（州郡、地理）、四裔（四夷）等门类的基础上加强了对边疆事务的记述。

四、地理书和方志

我国的地理学研究源远流长，历史遗产十分丰富。方志则是以地为纲的历史文献，对保存各地方的史事起了非常重要的作用。研究边疆问题，地理书与方志的价值是不容低估的。

上古时期，许多著名文献中都有地理书的成分，其中比较集中和突出的有《尚书・禹贡》、《管子・地数》、《山海经》、《尔雅・释地》、《吕氏春秋・有始》、《周礼》等。在这些文献中，保存了古代中国早期边疆状况的珍贵史料；同时，辨析这些材料的真伪虚实也是千百年来学者们治学之重要所在。秦汉以后，各类地理文献逐渐增多，传世作品也逐渐增多，这不但为后世中国边疆研究提供了素材，而且也从一个侧面反映了古代中国边疆研究的发展历程。

游记、旅行记、考察记类作品中含有大量关于边疆的记载。大约是战国时期的作品《穆天子传》是一部神话性的旅行记，它从一个侧面反映了作者生活时代人们对大西北的认识和想象。到了汉代以后，中原地区人们的行迹有了更大范围的拓展，随之也留下了日益增多的记载。广阔的西域地区已成为人来人往的热线地区，除了政治、经济、军事上的因素外，佛教的东渐和中原使者、僧人的西去求佛也是重要的促进因素。晋代高僧法显是最早到达印度且回归祖国的极少数人之一，追记他的全部旅程的《佛国记》则是世界最古老的真实旅行游记。该旅行记对从河西到西域的边疆地区多有记述。继《佛国记》之后，又有东魏杨衒之编《洛阳伽蓝记》、唐辩机编《大唐西域记》、慧立编《大慈恩寺三藏法师传》、蒙元李志常著《长春真人西游记》和明《徐霞客游记》等名著传世，这些著作对西北、蒙古高原、西南等地区的记述建立在耳闻目睹实地考察的基础上，因此都是边疆研究的珍贵史料。

在我国古代，很早以来就有编纂方志的传统，梁启超说："最古之史，实为方志，如孟子所称'晋《乘》、楚《梼杌》、鲁《春秋》'，墨子所称'周之春秋、宋之春秋、燕之春秋'，庄子所称'百二十国宝书'，比附今著，则一府州县志而已。”[①] 据《隋书·经籍志》记载：“晋世，挚虞依《禹贡》、《周官》，作《畿服经》，其州郡及县分野封略事业，国邑山陵水泉，乡亭城道里土田，民物风俗，先贤旧好，靡不具悉，凡一百七十卷，今亡。”以后，南朝齐有陆澄的《地理书》，南朝梁有任昉的《地记》，南朝陈有顾野王的《舆地志》，唐有《括地志》、贾耽《古今郡国四夷述》等。与地志一同兴起的还有地图的绘制，早在先秦时期即有大量地图问世，秦汉时则已有相当的规模，刘邦与项羽争夺天下时得益于缴获秦的那批图书即是证明。以后至唐代，以西晋裴秀的《禹贡地域图》和唐贾耽的《海内华夷图》为最著名。这些著作地图虽已年久失传，但其在学术发展史上则有承前启后之作用。早期方志之书传世的以东汉时期袁康、吴平的《越绝书》和赵晔的《吴越春秋》、东晋时期常璩的《华阳国志》、唐代樊绰的《蛮书》为最著名。上古时吴越、巴蜀已属边远地区，亦为边疆研究者重视之地：《蛮书》专记唐代云南境内南诏等少数民族地区之事，虽今传世者为辑本，其史料价值仍不容忽视。

---

① 梁启超：《中国近三百年学术史》，中国书店 1985 年版，第 298 页。

唐《元和郡县图志》是现存最早的古代地理总志，该书有图（每镇有图，后失传）有文（现亦有缺佚），以唐十道四十七镇分篇，实以府、州为叙述单位，记开元、元和时的户数，叙沿革形势、府或州境、贡赋、管县数目和名称，再分叙各县情况（略同府、州）。该书对了解唐代全国情况是十分有益的资料，清代学者孙星衍等曾对该书进行校正等工作。宋代所修地理总志有太宗时期乐史修撰的《太平寰宇记》（现存本有缺佚）、神宗时期王存等编撰的《元丰九域志》、徽宗时期欧阳忞撰的《舆地广记》、理宗时期王象之编纂的《舆地纪胜》（现存本有缺佚）和内容仅以南宋统治区域为限的祝穆编《方舆胜览》。元代时曾官修《大元大一统志》，该书规模超千卷（据金毓黻《大元大一统志考证》为一千三百卷），但该书亡佚于明代，今仅存残本。明代传世的全国总志有景泰时期陈循等编《寰宇通志》和英宗复辟后李贤等编《大明一统志》。清代曾数修一统志，最后形成内容叙事止于嘉庆二十五年、通称为《嘉庆重修一统志》的全国总志。除了官修志书，明末清初著名学者顾炎武的《天下郡国利病书》（未完成之稿本）和顾祖禹的《读史方舆纪要》也是十分重要的历史文献，从边疆研究角度看，“二顾”著作的重要价值主要在云南、广西等西南边疆部分。

除了全国性的总志，还有数量更大、史料价值往往也更高的地方志。各地方修志，宋代时即已逐渐兴起，至明中叶已很发达普及，至清代则更为兴盛，几乎无地不志，以致名山大镇亦各有志。单本地方志的所及范围虽小，但叙事也更为详尽，加上有各志书遍布全国的优势，因此往往对缺乏文献资料的边疆研究工作者来说无疑是十分难得和珍贵的。当然，由于各地方修志的条件不同，修撰者的水平能力各异，因此各地志书的质量和价值也不尽相同，这也往往是学者们研究边疆问题时首先要辨析的重要问题。

我国古人对各地的描绘不但重视用文字去叙述，往往也重视地图的测绘工作。明以前地图传世者很是罕见，明以后我国地图绘制水平有了明显的提高（西方近代科学技术的传入是其重要因素），传世作品也逐渐增多。边疆地区的状况如何往往是统治者需要了解并且需要有其地图的要点所在，这在唐宋时期即已十分明显；同时边疆地区也是地图绘制工作的难点所在。明代传世的重要地图有《杨子器跋舆地图》和罗洪先《广舆图》，杨子器在《舆地图》跋文中写道：“观夫两京畿之相望，十三省之环，百五十二府，二百四十州，一千一百二十七县之系属，四百九十五卫，二千八百五十四所，交错布列，为之保障。若宣慰司十二，宣抚司十一，招讨安抚司十九，长官司百七十七，亦莫不革其野心，以听省府约束。外若朝鲜、安南等国五十六，速温河等地五十八，奴儿干、乌思藏等都司所隶二百三十八，亦皆恭奉朝贡，一统之盛，万古仅见。”“敷时绎思，维徂求定，此舆地图所以有补于政体也。间常参考大一统志及官制，而布为是图，皆诸家详略頻异。若京师、若省、若府州县、若卫、若所、若卫所之并居府州县者，若内外夷方之师化与宾界者，势同异其形。远近险易，一览可视，愿治者常目在焉，则于用人行政，谅能留意。”该《舆地图》的比例尺大约为 1∶1760000，图上海岸线和河系平面图形等已近今图，各行政区名的相对位置也基本正确，这也从一个侧面反映了古人对包括边疆地区在内的全国了解与认识的深入。《广舆图》包括的区域范围较《舆地图》更大，增有九边、黄河、海运等图，是一早期的分省地图集，其图上各省的图形轮廓与今图已相差不远。明末清初，我国的地图测绘进入向近代制图学发展的新时期。康熙、乾隆时期，政府曾组织过大规模的地图测绘，在这一时期，我国边疆地区的地图测绘编制也进入一个新的发展时期。如再加上明清时期海图测绘方面的新成果，这些成果的取得既说明了边疆（包括海疆）研究的长足进展，同时也为后世留下了边疆研究的大批珍贵资料。

除了上述四大类，我国古代历史文献还有会要类、辑录类、目录提要类、笔记杂记类等，其中涉及边疆问题的文献也为数不少，特别是元、明、清三代众多笔记杂记类私人著作中，亦有丰富的边疆研究历史遗产。

总之，前人的千年积累，是我们研究中国边疆历史的最基础性资料，它们的延续性和完整性为世所罕见。

题之三，中国边疆研究的百年探索

这里的百年，实际上涵盖了19世纪至20世纪上半叶约150年的时段。

这一时段是中国历史巨变的150年，经历了清朝由盛转衰到灭亡，从中华民国到中华人民共和国的建立。民族危亡、民族振兴是这一历史时段主旋律之一。中国边疆研究在此历史大背景下，一个半世纪以来出现了两次中国边疆研究的高潮：19世纪中叶至19世纪末，西北边疆史地学的兴起，是中国边疆研究第一次高潮的标志；20世纪20年代至40年代边政学的提出与展开，是第二次中国边疆研究高潮的突出成就。

一、第一次中国边疆研究高潮

近代中国边疆研究的第一次高潮是在社会发展和学术发展交相作用下发展起来的。从中国社会发展角度讲，清代康雍乾嘉时期古代中国统一多民族国家得到空前发展，与此相对应，中国边疆研究的内涵和外延得到空前拓展；而在鼎盛形势下，清统治已隐含、酝酿着危机，到了道光时期及之后，中国边疆危机日趋严重，边疆问题已与中国国家和中华民族兴衰存亡紧密相连，中国边疆问题研究的时代感和紧迫性空前显现。从中国边疆学术发展角度讲，自明末清初以来，经世致用的学术思潮与边疆问题研究之关联虽有起伏，但从未中断，学术研究过程中的延续性在新的历史时期演化出了新的特点。在此大背景下，19 世纪我国出现了一批杰出的边疆研究大家，编著出一大批边疆研究新著，形成中国边疆研究百年探索的第一次高潮。

梁启超曾总结说："以边徼或域外地理学名其家者：寿阳祁鹤皋（韵士）、大兴徐星伯（松）、平定张石洲（穆）、邵阳魏默深（源）、光泽何愿船（秋涛）为最著，而仁和龚定庵（自珍）、黟县俞理初（正燮）、乌程沈子敦（垚）、固始蔚子潇（湘南）等，其疏附先后者也。此数君者，时代略衔接，相为师友，而流风所被，继声颇多，兹学遂成道光间显学。”[①] 上述一批知识分子虽然个人经历各异，有些人做过官，有些人则或是为人幕僚，或教书度日，但研究边疆问题却是他们共同的志趣目标，自18世纪末、19世纪初开始，至19世纪中叶以后（主要为嘉道咸时期），边疆史地研究经历了一个兴盛的时期。祁韵士是开这一时期边疆研究之先河者，他于1783年起在国史馆负责编定《外藩蒙古回部王公表传》，历时八年而成其书。1804年，祁韵士被遣戍伊犁，在此他编纂了《西陲总统事略》（亦名《伊犁总统事略》）、《西陲要略》、《万里行程记》、《西陲百咏》等著作。也是在嘉庆年间被遣戍伊犁的洪亮吉则著有《天山客话》和《伊犁日记》。祁韵士的遗著《藩部要略》主要由张穆编纂而成，张穆自己则撰写了《蒙古游牧记》。而张穆《蒙古游牧记》的遗稿则由何秋涛补辑、校改而终成其书。祁韵士编定的《伊犁总统事略》本受伊犁将军松筠之托而作，1815年松筠又委托徐松重修此书，再经徐松在新疆南北各地考察，撰成《伊犁总统事略》，此书后被道光帝赐名为《新疆识略》。徐松还撰有《西域水道

---

① 梁启超：《中国近三百年学术史》，中国书店1985年版，第321页。

记》一书。沈垚曾为徐松之门客，在徐松支持下，沈垚撰成《长春真人（西游记）金山以东释》，他还著有《新疆私议》一书，着重论述了新疆安定对维持国家边防的重大意义，提出要发展边疆地区经济。龚自珍在仕途中虽不得志，但在任职期间大量接触边疆事务，他的《西域置行省议》反映了作者在边疆研究方面的造诣和在治边方略方面的远见卓识。如果说上述各名家学者的成果主要集中在北部边疆（特别是西北边疆）方面，魏源研究的涉及面就要更宽一些，他的代表作有《圣武记》和《海国图志》。俞正燮的《癸巳类稿》也对包括蒙古、新疆、西藏、台湾及澳门在内的边疆史有所记述和研究。

姚莹虽未被梁启超总结时提起，但他无疑是那个时代边疆研究学人中的杰出一员。姚莹字石甫，安徽桐城人，他所著《识小录》涉及蒙古、新疆、西藏以及中俄边界问题等边疆研究领域；他的《东槎纪略》是研究台湾史地的早期著作之一；而《康輶纪行》则是作者两次入藏，实地考察研究后的成果。

综上所述，在中国社会由古代发展阶段向近代发展阶段的过渡时期，中国边疆研究也迎来一次发展高潮。这次高潮酝酿于康雍乾时期，形成于嘉道咸时期。边疆研究成为“显学”的社会基础是中国统一多民族国家的发展；而其学术思想基础则是经世致用思想的再兴与发展，而西北边疆史地学的兴起，成为这一次高潮的标志性成绩。在这一发展过程中，一批边疆研究者显示出他们执着的敬业精神和深邃的学术造诣。他们编撰的一批边疆研究著作具有很高的社会意义和学术价值，是边疆研究宝贵的历史遗产。

从边疆研究发展史角度观察，嘉道咸时期的边疆研究成果还主要集中于对我国边疆民族地区社会环境与社会状况的调查和研究，是有着空前规模和深入细致的调查研究。这个时期的不少有识之士已经注意到中外边界划定和边界纠纷问题，以及与中国边疆问题密切相关的域外问题。成果以前一类型为主，是中国近代历史发展前一阶段（古代中国统一多民族国家高度发展）影响的结果；出现后一类型研究是因为中国统一多民族发展遇到了新问题，中国近代边疆危机、社会危机酝酿发展必然导致中国边疆研究出现新的发展态势，在咸丰、同治、光绪时期，越来越多的著述反映了这一点。

关于边疆治理方面的成果有陈麟图编辑《历代筹边略》、蒋肇龄撰《边备九筹》等。关于边事与外交方面的成果有夏燮撰《中西纪事》、朱克敬辑《边事汇钞》、屯庐主人纂《五千年中外交涉史》等。

随着中国与周边各国界务关系的发展，一批有关界务的著述和舆图也开始大量问世，这包括：吴大澂《吉林勘界记》、廉荣《光绪十一年中韩勘界地图》、方朗等《中韩勘界地图》、曹廷杰《俄界情形》、钱恂《中俄界线条注》（附《帕米尔分界私议》）、刘毓盘《中俄界约校注》、朱克敬《中俄交涉记》、沙克都林札布《南疆勘界日记图说》、姚文栋《云南勘界筹边记》、薛福成《滇缅划界图说》、刘春霖等《滇越界约》、蔡希邠《广西中越全界之图》等。大量有关界务问题的著述和舆图的问世，是中国边疆研究进入近代发展阶段的重要标志，到20世纪初，持续不断的这类研究汇入以反对帝国主义列强侵华（首当其冲是边疆地区）为主旋律的中国边疆研究发展大潮之中，并再次形成中国边疆研究的新高潮。

晚清时期西北史地学一批学人和成果的产生，被认为是近代中国第一次边疆研究高潮的重要标志，这是对西方殖民势力觊觎中国边疆的一种学术回应，如顾颉刚指出："清代道光以后中国学术界曾激发边疆学之运动，群以研究相号召，甚至国家开科取士亦每以此等问题命为策论。察此种运动之起因，实由于外患之压迫"，那时国人因俄国与中国的国土毗邻而认定“为中国之大患”，故“学者之精神群集中于西北”。

二、第二次中国边疆研究高潮

民国时期的边疆研究与晚清时期的西北边疆史地研究相比，又有自己的特色。这一时期边疆学术研究主体和载体皆有前所未有之气象，诸如职业化学者群体，高校相关学科、专业和课程设置，研究机构、学术社团、学术期刊、报纸等，都是清季所没有或不普及的。边疆研究开始从个体行为向自觉的群体行为，从以书斋研究为主到以实地调查为主转变。研究者的学科背景经历了由单一向多元、以史地学者为主向以社会文化学者为主的转变。学科构成变化是边疆研究理论与方法转型的外在表现，表明边疆研究在民国时期已发展成为一个多学科参与的研究领域①。加之20世纪头20年，中国边疆面临的挑战依然严峻，外蒙古在俄国支持下宣布“独立”，后改为“自治”，英印势力渗

① 参阅汪洪亮：《“问题”与“主义”的变奏：近代以来中国边疆学构筑的回顾与前瞻》，《中国边疆史地研究》2020年第4期。

透西藏；日本支持清室遗逆从事“独立”活动，到了20世纪30年代后，日本发动“九一八”事变，边疆危机发展到中国面临亡国、中华民族面临灭种的危机，在此社会大背景下，中国边疆研究逐步演进为一门发展中的现代边缘学科，促进了第二次研究高潮的到来。

现从如下三个方面略做介绍。

（一）在爱国救亡运动中发展的中国边疆研究

中国统一多民族国家在20世纪前半叶遇到了前所未有的民族危机，而中国边疆研究则在包括边疆研究工作者在内的全民爱国救亡运动中得到发展。众多学者的参与，大量论著成果的发表，不但使研究者融于社会发展主流之中，而且使中国边疆研究紧紧跟上了中国社会发展的进程，并对中国社会发展起到积极的推动作用。

从中国边疆整体角度观察研究问题是本时期中国边疆研究取得重要进展的突出体现。华企云著《中国边疆》[①]，是较全面地论述中国边疆问题的第一本专著。该书分为上、下两篇，上篇综述边疆之沿革与现况、边疆之勘界与失地、

---

① 华企云：《中国边疆》，新亚细亚学会1932年版。

边疆邻接各地之地理概况与最近民族运动之鸟瞰、边疆邻接各地之对华历史与受治帝国主义之经过和边疆铁路之沿革与现状；下篇则分别论述国际角逐下之东三省、外蒙之独立、新疆之三大问题、英人侵略下之西藏和云南之界务问题。对于此书写作的目的，作者在该书自序中总结道："国人中岂有意研究边疆今昔之实在状况而谋补苴罅漏之策乎？则本书源委具在，不仅可以考见晚清以来之边患，且可与国防民族安危之思焉。"该书的撰写与出版在20世纪中国边疆研究发展史中具有重要意义，作者从国家兴亡考虑到边事盛衰，从研讨边疆全局大势到考察边疆局部问题，从分析国内边疆问题联系到中国周边及世界格局，在论述以上诸多问题时，作者又涉及政治、军事、经济、文化、民族、宗教、地理等诸多领域，并以现代人的眼光审视历史问题，这样中国边疆作为一个完整的研究客体即被明确地推上其自身应有的独立地位，中国边疆研究成为一门发展中的现代边缘学科也得到了有力的证明。

这一时期论述中国边疆问题的著作还有方秋苇《中国边疆问题十讲》（引擎出版社，1937年）、思慕《中国边疆问题讲话》（曲江广东省地方行政部训练委员会，1942年）、西尊《边疆问题与国防》（重庆文信书局，1942年）、蒋君章等《中国边疆地理》等。而同一时期论述中国边疆问题的论文数量则更多，其中有君实《中国边疆之危险》（《东方杂志》15卷7期，1918年7月）、翰青《边疆问题注意的理由和解决的途径》（《清华周刊》30卷8期，1928年7月）、格桑泽仁《亚洲问题与中国边疆问题》（《新亚细亚》1卷1期，1930年10月）、戴季陶《中国边疆之实况序言》（《新亚细亚》1卷5期，1931年2月）、杨青田《现阶段中国边疆问题》（《中华月华》2卷6期，1934年6月）、茹春蒲《我们以前漠视边疆的原因与现在注意边疆的要点》（《前途》3卷9期，1935年9月）、黄定初《帝国主义侵略下我国边疆之危机》（《边事研究》2卷5期，1935年10月）、沈山剑《怎样研究边疆问题》（《图书展望》2卷2期，1936年12月）、顾颉刚《边疆问题》（《甘肃学生》8卷1期，1938年12月）、伯平《我国边疆学之内外研究略史》（《益世报·边疆》24期，1939年6月5日，昆明）、孙绳祖《中国边疆问题发生原因之探讨》（《边疆研究季刊》1期，1940年9月）、马鹤天《今后的中国边疆与边疆问题》（《中国边疆》1卷3、4期，1942年4月）、黄奋生《中国边疆释义》（《中国边疆》1卷8~10期，1942年10月）、章力生《边疆与国防》（《军事与政治》3

卷6期，1942年12月）、胡耐安《边疆问题与边疆社会问题》(《边政公论》3卷1期，1944年1月）、马长寿《中国十年来边疆研究的回顾与展望》(《中央周刊》9卷11期，1947年3月）、顾颉刚《中国边疆问题及其对策》(《西北通讯》3~4期，1947年5—6月）和刘钧仁《中国今日之边疆》(《凯旋》31期，1948年5月），等等。

通过列举上述众多论著成果，我们可以从中得出如下认识：从1918年至1948年的30年间，涵盖内政外交等诸多方面内容的中国边疆问题被众多研究者从不同视角加以研讨，中国边疆问题这一社会矛盾的焦点亦成为多学科研究的交会点，从而也就更明确地发展成一门具有浓厚时代色彩的边缘学科。

20世纪前半叶，对中国边疆不同范围、不同层面、不同视角、不同方法的各类研究成果的数量是很大的，也正是因为有了这许多成果的问世才撑起这门发展中的现代边缘学科的构架。而这些众多的成果又大多是本时期中国爱国救亡社会运动的产物。与19世纪后期中国边疆研究开展状况相比，此时的研究及其成果无论在深度、广度方面还是在数量方面，均有明显的进步。

对于各个主要边疆地区的研究著作，东北地区有刘瑞麟、孙凤翔和赵崇荫辑《东三省交涉辑要》(常州刘氏，1910年)、东三省蒙务局绘《东三省全图》(奉天中和印书馆，1911年)、吴廷燮《东三省沿革表》(天津徐氏退耕堂，1911年)、徐世昌《东三省政略》(1911年)、傅斯年《东北史纲》(中央研究院历史语言研究所，1932—1933年)、卞宗孟《东北史研究纲要》(东北大学，1938年)、金毓黻《东北通史》(重庆五十年代出版社，1943年)等；北部地区有：姚明辉《蒙古志》(中国图书公司，1907年)、卓宏谋《蒙古鉴》(1919年)、陈崇祖编《外蒙古近世史》(商务印书馆，1922年)、华企云《蒙古问题》(上海黎明书局，1930年)、王勤堉《蒙古问题》(商务印书馆，1931年)、谢彬《蒙古问题》(上海商务印书馆，1935年)等；西北地区有：许景澄《西北边界地名译汉考证》(上海藻文书局，1902年)、阚凤楼《新疆大记》(1907年)、国民外交丛书社编《新疆问题》(中华书局，1928年)、华企云《新疆问题》(上海大书局，1932年)、洪涤尘《新疆史地大纲》(南京正中书局，1935年)、蒋君章《新疆经营论》(重庆正中书局，1939年)等；西藏地区有：许光世、蔡晋成编《西藏新志》(上海自治编辑社，1911年)、白眉初《西藏始末纪要》(北平建设图书馆，1930年）、谢彬《西藏问题》（上海商务印书馆，1930年）、华企云《西藏问题》（大东书局，1931年）、陈健夫《西藏问题》（上海商务印书馆，1936年）、任乃强《康藏史地大纲》（雅安健康日报社，1942年）等；滇桂地区有：吕志伊、李根源《滇粹》（1909年）、华企云《云南问题》（大东书局，1931年）、云南省立昆华民众教育馆《云南边地问题研究》（1933年）、张凤岐《云南外交问题》（商务印书馆，1937年）、陈碧笙《滇边经营论》（1938年）、孟森《广西边事旁记》（商务印书馆，1905年）、吴憃《广西边务沿革史》（广西省政府编译委员会，1938年）等；台湾地区有：袁克吾编《台湾》（上海商务印书馆，1927年）、汪洋《台湾》（上海中华书局，1928年）、王子毅《台湾》（重庆自由出版社，1944年）、李震明《台湾史》（上海中华书局，1948年）等。

上述众多著作出版的时代几乎遍布20世纪前半叶的50年间，但以30年代最为集中，这也从一个侧面反映了形成于此时的研究高潮。19世纪后期的边疆研究以对西北地区的研究最为突出，50年后，边疆研究的各地区分布格局虽较前一段有所均衡，但北重南轻的格局尚未突破，特别是对海疆的研究就更薄弱了。

（二）在中国社会现代化过程中发展的中国边疆研究群体和专业研究刊物的出现与兴旺

20 世纪初，清王朝统治下的中国危机四起，落后就要挨打已成事实，但值得庆幸的是，外来的挑战促进了国人的觉醒，一批具有现代社会思想意识的人们开始组成革命团体并进行社会革命斗争。与此同时，一批开始具有现代社会意识和现代科学知识的知识分子也为实现自身的理想而组织起来，清宣统元年八月十五日（1909 年 9 月 28 日），一个基础广泛的、与中国边疆局势及边疆研究密切相关的现代学术团体诞生了，这就是中国地学会。中国地学会是成立于清代仅有的三个科学团体之一，除抗日战争时期学会被迫停止活动外，其一直存在到 1950 年汇入新成立的中国地理学会。

中国地学会有着广泛的社会基础和学科基础，其成员包括了一大批清末民初的著名学者和社会活动家，他们包括地理学家张相文、白眉初、黄国璋、王成组，历史学家陈垣、张星烺、聂崇岐，教育家蔡儒楷、张伯苓、蔡元培，地质学家章鸿钊、丁文江、翁文灏、邝荣光，水利专家武同举等。“兴地学研究，以救国图强”为学会活动的宗旨；

唤起公众关心国家的安危与发展，促进地学各领域的学术进步，并使之普及于大众，就成为学会活动的始终目标。此时如此众多的学者自愿地组织起来，维系他们之间的关系不再仅仅是以前常见的师生、门派、亲友关系，而是共同的社会理想和学术领域，他们集合于一个开放性的现代学术社会团体之中。这种团体在中国的出现反映了现代社会意识和现代学术活动已经发展到一个新的阶段，而学会有组织的活动不但提高了学者们在社会活动中的声望，且因加强学术交流而促进了学科发展。

中国地学会的成立与发展对发展中的现代边缘学科中国边疆研究的演进是一个很好的推动。但与此同时，我们也应注意到中国地学会并不是一个仅以中国边疆为研究对象的专业组织，中国地学会对中国边疆研究发展做出重要贡献，这主要因为学会在以下三方面的开拓性工作：

其一，在研究宗旨方面，学会继承了中国边疆研究的爱国主义优良传统，并注入了新的内容。政治安国、经济富国、科教兴国、国防强国新思路的提出与积极的社会实践，虽然尚处初探阶段，但的确适应了中国边疆研究的发展趋势。

其二，在研究道路方面，学会一面继承了中国舆地学的学术传统，一面大量吸收了国外现代地学新成果，并使之逐渐在中国生根和发展。这种研究虽然尚不能使中外学术精华得以交融，但却代表了中国边疆研究工作步入一条新路。

其三，在研究方法方面，学会弘扬了传统边疆研究重视书本研究与社会实践的良好传统，并使社会实践的内涵进一步得到丰富，这一进步具体表现为社会生活参与意识、社会团体与公众相结合意识的加强，以及从科学考察、科学论证到社会实践、社会检验模式的兴起。学会的研究较传统的边疆研究有了更为开阔的视野，对宏观问题的综合研究和对微观问题的多学科研究顺应了现代科学研究的发展方向。

《地学杂志》是中国地学会会刊，创办于 1910 年，是中国历史上第一份地学期刊。《地学杂志》虽是一份综合性地学刊物，但正如 1913 年学会在该刊本会纪事中云："地学事业包括极广，本会尤重国防和民生两个问题，并参考世界趋势，藉资策励。"而国防与民生也正是中国边疆研究的最重要的课题。自《地学杂志》创刊至 1937 年被迫停刊，该刊发表的有关中国边疆研究的著述十分丰富，内容涉及以下八大门类：

（1）近代边界沿革及边患问题研究。近代以来中国边疆危机日益加深，此时的边界沿革及边患问题研究的意义已远远超出了单纯学术研究的范围。《地学杂志》先后发表了数十篇有关这方面的文章，其中有：白眉初《边界失地史略》、邹代钧《中俄交界记》、翁文灏《中俄国界史地考》、王恒升《黑龙江省胪滨县附近中俄国界记》、杨耀恺《吉林旧界变迁纪要》、充与《俄人测量帕米尔之警告》、陶懋立《帕米尔形势及中俄英分界略述》、宋教仁《间岛问题》、刘仲仁《滇南形势今昔谈》、李培栋《滇缅勘界痛史》、王龙章《片马问题》、白眉初《片马考》、叶秉诚《西藏交涉之研究》等。

（2）边疆治理问题研究。边疆地区作为中国统一多民族国家的组成部分，其治理问题既包括边防，也包括内政实施。在这方面发表的成果包括：苏莘《论新疆边防》、不惧《新伊防务论》、赵南森《改土归流之计划》等有关边防、边政的论文，还有刘仲仁《蒙古建省议》、林传甲《阿尔泰改省议》等一大批有关边疆地区行政区划的文章。

（3）古代边疆史地问题研究。在这一广阔领域的成果有：张鸿翔《长城关堡录》、傅运森《秦长城东端考》、张相文《长城考》、屠寄《论归绥金代西北边堡遗址书》、张相文《成吉思汗园寝之发现》、丁义明《西域要考》、丁谦《大唐西域记地理考证》、丁义明《自汉代以来中国与西域之交通频繁兵威所及使节所经及商人高僧之行迹能详其通路证以今名欤》、杨敏曾《青海罗卜藏丹津战地考》、丁锡田《辽东行部志地理今释》、朱希祖《鸭江行部志地理考》、丁谦《辨蒙古游牧记列乌兰布通于翁牛特旗之误》、徐钟令《元秘史腾机斯水所在地之商榷》等。

（4）边疆居民情况研究。中国边疆辽阔，居民情况复杂，有关研究涉及边疆居民的民族、民俗、宗教信仰等方面，其中有：邵公《长春民族生聚源流考》、姜松华《黑龙江鄂伦春近日之状况》、彭程万等《琼崖黎民之状况及其风俗与教育》、杨成志《中国西南民族中的罗罗族》、问苍《西藏族考》、铁岩《蒙古风俗志》、李安陆《西藏风俗记》、善之《萨满教》、李晋年《新疆回教考》等。

（5）边疆开发与经济研究。边疆地区的开发与经济建设长期处于落后状态，发表的相关文章有：孟森《调查东三省拓殖事业之报告》、白月恒《论蒙古之屯田及林牧业》、张印堂《内蒙经济地理辑要》、智珠《云南之新建设》、王光玮《由经济地理上讨论琼崖的开发问题》、程其保《台湾开创记》、张相文《河套与治河之关系》等。

（6）边疆交通问题研究。地处偏远且交通不便是困扰边疆地区发展的重要因素，发展现代交通事业是学者们的工作目的。在这方面的成果有：林兢《新疆交通纪略》、彭程万等《琼崖交通之现状》《滇邕路线观察谈》《鄂滇铁路建筑谈》《满蒙五路建筑谈》、王悼《黑龙江及其水运》《松黑两江航业与江防》等。

（7）地学史、地图史、学者传记研究。中国地学研究源远流长，学者众多，地学史的研究为本学科继往开来发展之必需。有关文章有：汧支《先秦两汉地理图籍考略》、朱士嘉《宋元方志考》、姚士鳌《历代地理志评议》、丁谦《水经注正误举例》、叶瀚《清代地理学家列传》、张星烺《泗阳张沌谷居士年谱》、陶懋立《中国地图学发明源始及改良进步之次序》、翁文灏《清初测绘地图考》、童世亨《历代疆域形势一览图序》、苏莘《历史疆域形胜图序》等。

（8）边疆考察报告与游记。中国地学会十分提倡和重视实地考察工作，并在其刊物发表了大量实地考察记录，如冯际隆《河套调查记》、宋小濂等《伦边调查录》、朱士清《额尔齐斯河源观察记》、如柏《塔尔巴哈台调查录》、林伟甲《台湾之新调查》、沌谷（即张相文）《塞北纪行》、宋小濂《额尔古纳河旅行记》、张与权《云南纪行》、马登瀛等《新疆行程记》、贾树模《新疆归途记》、谢彬《新疆游记》、延清《车臣汗纪程》、李明榘《西藏旅行记》，以及有关西北科学考查团、中亚调查团、安得思蒙古考查团等团体的工作消息等。

《地学杂志》所及的中国边疆问题研究还包括边疆的地形、地质、资源调研，与中国边疆相邻的外国地区情况，以及国外研究动态、译文，等等。20 世纪中国边疆研究作为一门发展中的现代边缘学科的构架在《地学杂志》的实践中得到很好的体现，遗憾的是，该刊至今仍是兼及中国边疆社会科学与自然科学研究的唯一实践。

进入 20 世纪以后，大量研究论文的涌现是中国边疆研究取得长足进步的重要标志。造就这一发展态势的基本因素有三：中国边疆研究事业吸纳了更多的研究者；研究者以更宽阔的视角、更先进的思想和方法审视中国边疆问题；现代社会学术研究信息传播媒体的出现与发展。现代学术期刊的问世是中国学术研究步入现代化发展阶段的重要标志之一，将中国边疆研究文稿作为刊物主要或重要内容的学术期刊即诞生于 20 世纪初，发展壮大于 20 世纪前半叶。这些刊物的出版既是中国边疆研究发展的产物，也从信息交流的角度促进了中国边疆研究的发展。

这一时期关于边疆研究的专业刊物，民国时曾有论者根据性质将其分为以下四类：一是涉及边疆或民族问题的政治性刊物，如《中国青年》、《青年中国》、《时代精神》等。二是涉及边疆或民族问题的学术性刊物，如《中国文化研究所集刊》、《金陵学报》、《史地杂志》、《地理学报》、《科学》等。三是一般的普通边疆研究刊物（包括副刊），如《边事研究》、《边疆研究》、《益世报（边疆周刊）》、《贵州日报（社会研究副刊）》等。四是分区的边疆研究读物，如西南边疆研究社主办的《西南研究》、金陵大学中国文化研究所主办的《边疆研究论丛》、中央研究院历史语言研究所人类学组主办的《人类学集刊》等。[①] 边疆研究专业刊物的大量涌现是与边疆研究学术社团的成立密切联系的。20 世纪三四十年代的边疆研究社团，按机构名称及其研究的空间范围来划分，大致可以分为全国性社团与区域性社团两种类型。

全国性的边疆研究社团及所办刊物。除 1909 年成立的中国地学会及其主办的《地学杂志》外，1924 年在北京

---

① 徐益棠：《十年来中国边疆民族研究之回顾与前瞻》，《边政公论》第 1 卷第 5、6 合期，1942 年。

创立的筹边协会是较早专门以研究边疆为目标的学会，该会创办了《边事》季刊，同年 5 月出版了第 1 期，收录论文 20 余篇，研究内容主要涉及蒙藏地区。不过，在 20 世纪 30 年代之前，受社会时局动荡的影响，北京政府及后来成立的南京国民政府对边疆问题注意不多，边疆研究社团也并没有大范围出现，这一状况在 20 世纪 30 年代及以后有了极大变化。

20 世纪 30 年代以后，受“九一八”事变的影响，边疆研究社团不断涌现。1930 年，新亚细亚学会成立，并创办了《新亚细亚》月刊。1934 年，边疆政教制度研究会成立，名义上由南京国民政府蒙藏委员会、参谋部等多部委创设，但实际为蒙藏委员会下属机构，创设《边疆通讯》。同年 10 月，边事研究会成立，创设《边事研究》。1935 年，上海成立了中国殖边学会。1936 年，燕京大学历史学系发起成立了边疆问题研究会。1937 年，清华大学历史系和地学系联合创立了边疆史地学会。1940 年，中国边疆文化促进会成立，办有《边疆研究》季刊。1941 年，齐鲁大学、华西大学、金陵大学、金陵女子大学四所大学共同发起成立了中国边疆研究学会，并于 1941 年在重庆创立了《边政公论》月刊。此外，还有众多相关大学或机构成立了边疆研究社团。上述社团基本上均是以全国的视角来展开边疆问题研究的，影响力也大。

区域性的边疆研究社团及所办刊物。“九一八”事变后，开发西北的呼声高涨，这一时期成立的关于西北边疆的研究社团众多，并创办了会刊，主要有：西北研究会、新西北社、西北学会研究部、西北论衡社、西北导报社、西北协社、西北经济研究所、西北学会、西北春秋社、西北汇刊社、中国工业合作协会西北区办事处、西北研究社、西北农学社、西北建设学会、西北史地学会等。随着 1935 年前后南京国民政府及国人对西南边疆的逐步重视，也出现了一批研究西南边疆的社团，创办了会刊，主要有：西南学会、西南协会、中国工业合作协会西南区办事处、西南导报社、西南边疆月刊社等。此外，还有蒙藏月刊社、东北民众抗日救国会、东北问题研究社等社团也属于这一类型。这些区域性社团较集中地关注某一区域问题，对推动该区域的边疆研究向精深发展起到重要作用。

20 世纪三四十年代，不少大学成立了边政学系或关于边疆研究的专门机构，这是这一时期国人对边疆问题重要性认识不断深化的结果。1928 年 12 月 7 日，清华大学成立了边疆问题研究会[①]，吸纳成员70余人，《边疆问题研究会缘起》宣称：

我国鸦片战争以还，门户洞开，藩篱尽撤；帝国主义者挟土地侵略之野心，四面八方，步步进逼：如日之于南满，英之于西藏，俄之于新疆、外蒙；彼此间密约之协定，势力范围之划分；或煽惑土人，反抗政府，或强用武力，攫取利权。吾国若尚不早为固圉之计，则唇亡齿寒，内地亦行见有沦亡之祸。同人等怀国势之颠危，知挽救之不容或缓，故有边疆研究会之发起。目的在切实研究边地之地理形势，社会状况，天产富源，外人势力，政治现象及其他与边地有关之各种重要问题；期得确切之知识及妥善之挽救办法。凡本校教职员同学如于边疆问题具有兴趣，愿加入本会研究者，不胜欢迎之至。

边疆问题研究会下设东三省组、内外蒙古组、新疆组、康藏组、滇桂组与海疆组等6个组。1929年年底，为讲求效率、集中工作，边疆问题研究会设总务、宣传、研究、调查四股，负责研究会的运行。鉴于“东三省”问题是中

① 参阅金富军：《清华大学边疆问题研究会考察》，《中国边疆史地研究》2008年第2期。

国边疆问题中当时最严重之问题，并且材料较为充分、调查方便，加之校内有数位对东北问题素有研究的教师，故将研究范围集中于东北三省，尤其是外交、经济与地理三个方面，并拟定东三省中日外交、中俄外交、经济问题、地理问题等 60 个研究题目。

边疆问题研究会向青年发出号召："到边疆去，那里固然有几千里的大戈壁，连绵不断的崇山峻岭，但是也有很大的平原，供你驰骋之所；有秀特的山，婉曲的河，供你游览；有深林供你采伐；有无尽的宝藏，供你开掘；有未经人到的地方，供你去发展，那里是实现你的理想的新天地，是发展你的抱负的唯一地方，你不要再流连于弹丸的腹地，偏促于不生不死的局面下，赶快审查你的环境，坚定你的志愿，充实你的学识，锻炼你的身体，准备你的行装，舍去你的温柔乡，向你的理想国去！向传统势力较小的地域去！"[①] 这一号召得到广大师生的热烈回应，会员人数最多时近百人。研究会一成立，即有校外人士要求加入，国外也有同学表示关注，表明研究会产生了一定的社会影响。

---

① 天问：《到边疆去》，《清华周刊》1928 年第 30 卷第 8 期。

1931 年以后，边疆问题研究会活动逐渐减少，会员人数也由最多时近百人减少到 30 人左右。虽然在 1934 年年底研究会重新选举新的负责人，但影响大不如前。抗战全面爆发，研究会似乎停止了活动。

在 1931 年左右，私立朝阳大学率先设置了边政学系，开设了蒙古文与俄文的教学课程。“九一八”事变后，东北大学迁至北平，也设置了边政学系，开设了日文与俄文教学课程。此外，私立中国大学商学院设有边疆经济系（尤其侧重“内蒙经商”之科目），南开大学经济研究所注意边疆省份的经济研究（以对东北边疆的研究最有成绩）。在 1939 年以后，迁至昆明的复旦大学、云南大学，其后还有大夏大学、四川大学、华西大学、金陵大学、中山大学、贵州大学以及西北师范学院、西陲文化学院等院校均开有边疆建设或边疆问题等科目与讲座。1944 年，国立中央大学与西北大学都设立了边政学系。其中，国立中央大学由于其特殊的政治背景，其创办的边政学系的设置相对健全，社会影响也最大。国立中央大学边政学系的课程设置主要从边疆特殊的政治制度、社会、民族、宗教、历史、地理、语言等方面着眼，主讲边疆民族史课程。虽然边政学系及边疆教育研究机构在当时仅系部分大学设置的科系，但这是中国近代意义上的高等教育机构第一次专门将边疆作为研究对象设置的科系，对于培养熟悉边疆的人才，推动边疆研究向专业化、科学化及学科化发展具有积极意义。

边疆研究社团及高校边政学系的成立，对于凝聚专门研究人才、推动边疆研究的发展起到了重要作用。它们一方面创办各种刊物并广泛发行，吸引了社会舆论的关注；另一方面组织了一批专家规划边疆研究系列丛书的出版，形成很大的社会影响。其中，以新亚细亚学会、中国边疆学会与中国边政学会最为突出。它们办的会刊《新亚细亚》、《边政公论》、《边事研究》等发行时间较长、刊发内容丰富。另外，它们也较成系统地组织出版了一批边疆研究丛书。出版编纂边疆丛书，是中国边疆学会成立后的五项重要工作之一。该学会曾在1943年编辑了边疆丛书第一辑，共10本，交由正中书局陆续出版；后又“打算赓续作第二辑以下的编纂，把关于边疆的政教、史地、经济、社会、文艺、各部门著作，在一定的计划下，分配在这部丛书里”[①]。该学会出版的两辑边疆丛书，第一辑由正中书

① 黄奋生：《边疆政教之研究·中国边疆学会丛书总序》，商务印书馆1947年版，第3、4页。

局负责，第二辑由商务印书馆负责，系统性较强，但目前尚无相关史料能够将其所出版的具体书目全部厘清。中国边政学会成立后，也组织出版了边疆政教丛书，如《新疆研究》（李寰，1944 年）、《中国回教小史》（白寿彝，1944 年）、《新疆之水利》（倪超，1948 年）、《云南边疆地理》（严德一，1946 年）等。与中国边疆学会出版的边疆丛书相似，目前尚未见到能够将中国边政学会组织出版的边疆政教丛书的具体书目全部厘清的史料，两学会计划出版的一些书目可能由于各种原因最终未能实现全部出版。

新亚细亚学会的创立，对边疆研究的深入发展有重要影响。由该会创立的《新亚细亚》月刊，于 1930 年开始发行第一期，1937 年由于日本全面侵华被迫停刊，1944 年复刊，共出版 14 卷 78 期。新亚细亚学会的研究视角宏大，而《新亚细亚》月刊刊登了大量关于边疆研究的论著。这些论著有两方面的主要内容，即研究中国国内边疆问题与亚洲其他国家的历史地理，具有明显的战略研究特色，因而受到学界和政界的普遍重视。至第一卷第 5 期，《新亚细亚》月刊的发行量已经从 3000 册递增到 8000 册以上。该刊发行范围之广远远超过一般书籍，而其所刊载的相关论著的内容及研究取向在一定程度上是 20 世纪 30 年代边疆研究视角的体现。

《边政公论》杂志，直到1948年停刊，先后出版7卷，刊发了一大批研究者关于边疆研究的学术成果，成为40年代边疆研究刊物中最具代表性的刊物。《边政公论》杂志设有专著、译述、书评、边地通讯、边政资料等栏目，研究内容涉及边疆地区的政治、经济、社会、宗教、民族、史地等问题，但其研究的突出特点是对边疆研究方法与理论有了深入探讨。

《边政公论》创刊于抗日战争最艰苦的1941年，身处大后方四川的编者为什么要创办这一刊物？该刊发刊词中有明确的解释："因为我国对于边疆问题，向持漠视的态度，虽然边疆与中原发生关系已肇自远古，但对于边疆问题作有系统的研究，对于边疆建设作较积极的推动，还是近年来的事情。我们知道：任何问题的解决，都应该以事实的研究为根据，而后才有正确的办法。病症未认清，当然无法下药。基于这种原故，所以现在有关边疆的一切建设，都尚未能如我们理想中所预期的急速地进展。无论政府机关学术团体以及热心边事的人士，都已深切地感觉到这一点，而展开其研究的工作。这种工作，也恰如韩信将兵似的，多多益善。不过，一切的研究和学说，都应以切合时用为最终的目标，方可产生伟大的效果。故我们对于边疆问题的研究也必须根据着学理和事实，同时根据着国策，以求能与当前的边疆政治相配合。”这段文字反映了那个时代对中国边疆研究功能与任务的占主导地位的认识，时隔半个世纪后再读这段文字，其基本主张亦无过时之感，只不过不同时代的学理和国策内容不尽相同了。

1934 年由边事研究会创办的《边事研究》是 30 年代前期成立的边疆研究的重要学术刊物。直至 1942 年 3 月出版第 13 卷第 1、2 期合刊后停办，中间大致经历了 8 年时间。据笔者初步统计，刊登论文近 800 篇（其中包括社评、小说、同一边疆研究论著的分期刊载等），主要设有社评、边疆研究、时事论著、边疆通讯、边事辑要等栏目。其中，边疆研究与时事论著是主要部分，刊载内容主要包括边疆自然环境、地理沿革、社会政治、经济、文化、军事、边疆国际关系等方面。其内容与边疆研究会设计组的计划大致吻合，其重视边疆国际关系方面的研究也与《新亚细亚》关注亚洲其他国家的视角相似。

在 20 世纪三四十年代，有关边疆研究的机构及杂志众多，但研究的系统性、完整性存在较大差距。以 1932 年创刊的《殖边月刊》、1934 年创刊的《边铎》、1936 年创刊的《边疆半月刊》等边疆研究杂志为例分析，《殖边月刊》认为国家危急，而“救国之要，莫若殖边”，“乃创办殖边社于上海”，呼吁国人“开发边荒，以致富庶；辅助政府，使趋健全；集散漫之力为集团，其效自大”①；《边铎》强调其旨趣主要包括“宣达中央德意”、“阐扬本党之主义”、“领导反帝运动”、“揭橥边民痛苦”、“记载边疆实况”等，以实现“整个国家民族政治上经济上最后之自由与解放”②；《边疆半月刊》强调其主要刊载关于“阐明民族整一性之重要”、“唤起国人注意边疆之开发”、“记载边疆最近消息与实况”、“介绍国外人士研究我边疆之材料”等方面的研究论著③。《殖边月刊》主要关注边疆地区的殖民事业；《边铎》强调政治性，进而关注边疆实况；《边疆半月刊》较之《边事研究》，强调了“阐明民族整一性之重要”。上述刊物据笔者目前所及，刊行时间均较短暂。《边铎》仅见第1卷第1、2、3期及第2卷第1、2期共5期，均属1934年；《殖边月刊》从第1卷第1期到第3卷第4

① 汪扬：《敬告国人》，《殖边月刊》创刊号，1932年。

② 边铎半月刊社：《创刊词》，《边铎》创刊号，1934年。

③ 边疆半月刊社：《发刊辞》，《边疆半月刊》创刊号，1936年。

期，时间跨越了 1932 年至 1935 年，共刊发了 24 期；《边疆半月刊》从第 1 卷第 1 期到第 3 卷第 7~9 期合刊，时间跨越了 1936 年至 1937 年，共刊发 24 期。它们与《新亚细亚》、《边事研究》、《边政公论》等刊物的持续时间、社会影响相比，自不可同日而语。这种情况的出现一方面是这一时期国人关注边疆热情的表现，另外也是民国政局动荡、学术研究的持续进行存在着较多困难的结果。

1934 年成立的禹贡学会及其创办的《禹贡》半月刊，虽然存在时间较短，亦非专以边疆为研究旨趣，但其对边疆研究具有不可替代的推动作用。禹贡学会之成立，系以“研究中国地理沿革史为目的”[①]。禹贡学会是继中国地学会以后成立的又一家对 20 世纪前半叶中国边疆研究产生过重大影响的学术团体。禹贡学会筹备处成立于 1934 年 2 月中旬，正式成立于 1936 年 5 月 24 日。禹贡学会与中国地学会一样，主要活动地点在北平，但与后者广纳各界人士参加不同，前者主要由燕京大学、北京大学和辅仁大学三校历史系师生组成。禹贡学会的发起和倡导者是顾颉刚

① 马大正：《略论禹贡学会的学术组织工作》，《中国边疆史地研究》1992 年第 1 期。

和谭其骧，而顾颉刚则为学会最重要的组织者。禹贡学会先后吸纳了许多著名学者，他们包括钱穆、冯家升、唐兰、王庸、徐炳旭、刘节、黄文弼、张星烺、于省吾、容庚、洪业、张国淦、李书华、顾廷龙、朱士嘉、韩儒林、张政烺、翁独健、吴丰培、苏秉琦、商鸿逵、王光玮、冯世五、侯仁之等。《禹贡学会会章》明确宣布："本会以集合同志研究中国地理沿革史及民族史为宗旨"，而学会的工作范围"为搜集文书材料"，并实地调查，从事编辑中国民族史、地理沿革史、各代疆域图、各省分县图、文化统计表、地名辞典等图书[①]。学会虽然制定了较为专门的研究领域，但由于社会形势发展和众多学者的努力，学会活动领域有了越来越宽广的发展，正如顾颉刚在《禹贡周刊发刊词》中指出，"扩充范围乃于民俗史、边疆史、内地移民史、中外交通史、方志学等方面，蔚为'历史的地理'之总集。"[②]

《禹贡》是禹贡学会会刊，创办于1934年3月1日，是中国历史上第一份有影响的历史地理学科专业刊物。30

---

① 《禹贡》5卷，7期。

② 《禹贡周刊》第一期，载《国民新报》1946年3月21日第4版。

年代，“强邻肆虐，侵略不已”，这才有顾颉刚等学者“同人谋以沿革地理之研究，裨补民族复兴之工作，俾尽书生报国之志”之举措，《禹贡》是学者们参与爱国救亡运动的产物。《禹贡》以历史地理学科定位，初期内容多与边疆问题距离较远，但随着东北沦陷、华北危机，民族危机加剧，刊物载文范围由古地理研究扩大为边疆研究，其目的在于向社会大声疾呼，共研边隅，以固边疆。至 1937 年 7 月 16 日出版了第 7 卷第 10 期后，《禹贡》也因北平沦陷而被迫停刊。《禹贡》刊出有关中国边疆研究的文章，最集中的当属其《西北研究专号》（5 卷 8、9 合期）、《东北研究专号》（6 卷 3、4 合期）、《后套水利调查专号》（6 卷 5 期）、《康藏专号》（6 卷 12 期）和《察绥专号》（7 卷 8、9 合期），而在其他各期中的有关边疆研究的文章亦有相当数量。《禹贡》的研究覆盖面小于《地学杂志》，但其所载文章亦包括边疆政治、经济、历史、地理、民族、宗教、对外关系等诸方面的内容。《禹贡》半月刊虽仅存在三年多的时间，但其从一个重要的方面反映了 30 年代抗日战争全面爆发前中国边疆研究高潮期的研究盛况。

禹贡学会存在并开展活动的时间是很短的，自学会成立至全国抗日战争爆发，学会的研究、编辑和旅行调查工作开展得十分活跃，成绩亦十分突出。最能反映学会风貌的当属《禹贡》半月刊，这份办刊3年多（1934年3月1日至1937年7月16日，共出7卷82期，载文708篇）的刊物既反映了学会的学术思想与实践，也代表了30年代中国边疆研究的发展状况。1937年抗日战争爆发后，禹贡学会工作被迫停顿，至1946年3月10日，学会复员第一次会议召开，学会工作又延续了很短时间。内战爆发后，学会工作因通货膨胀、经费拮据等原因再陷停顿。1952年2月，在顾颉刚主持下禹贡学会结束了业务活动。

禹贡学会的学术成功与成绩，主要得益于学会有效且有特色的组织工作，而这又首先体现于学会拥有一流的学术活动组织者和一批学有专长的学术带头人及骨干；其次学会制定了顺应中国社会发展和学术进步趋势的，因而也是有较强可行性的工作计划。

进一步分析禹贡学会的学术成功与成绩，这是与中国现代高等教育体系的长足发展分不开的。学会拥有数百名以燕京大学、北京大学、辅仁大学三所著名大学师生为基础的基本学术队伍，进而拥有一批一流的学术骨干及带头人也就不足为奇了。现代高等教育体系为学术传播与进步提供了较传统教育模式更为广泛而坚实的基础，禹贡学会的学术与社会实践不但证明了发展中的现代中国边疆研究事业已经搭上了中国现代高等教育发展的列车，而且在现代高等教育的推动下得到进一步发展。

随着现代高等教育事业在全国各地逐渐普及，中国边疆研究的基本队伍也由北京等少数大城市逐步遍及各地，这一动向不但成为发展的趋势，而且有着较为稳定的特征，随之而来的则是发展中的现代中国边疆研究发展的新格局。分布于各地的学者将研究的视野投向更广泛的领域，在教学相长的过程中形成新的学术群体，新的学术群体的产生与发展又促进了研究事业进一步的发展。最突出的事例就是随着云南现代高等教育事业的发展（特别是抗日战争时期），以方国瑜为代表的一批学者以云南大学等高校为主要基地，较为稳定地开展了中国边疆研究（主要为西南边疆研究）的教学与科研工作，进而使原本较北部边疆研究明显滞后的西南边疆研究取得长足的进步，从而有利于中国边疆研究的整体布局的平衡和研究的深化。

20 世纪前半叶（特别是三四十年代），一批官方或半官方的中国边疆研究团体也先后成立并开展活动（如国民政府蒙藏委员会下属的研究机构等），对于这些团体的评价就比较复杂了。成立官办团体的首要目的是要为现政权的统治服务的，而显然当时的政府并未选对一条能使中国繁荣昌盛的正确之路；但也不能说其每一具体举措都是不利于中国统一多民族国家及其边疆安全与发展的。因此，对于这些团体的作用要进行实事求是的具体分析。

（三）边政学的提出与展开是这次研究高潮的标志性成果

民族危机加剧，促使更多研究者关注中国边疆问题研究，新的研究学派与方法的引入，大大拓宽了研究者的视野，开始对中国边疆进行全方位、多视角的观察与研究，前述研究成果、研究团体、研究刊物和研究者的涌现，充分证明了对中国边疆研究应该有一个新的学科定位。边政学这一命题的提出，应是学术发展的必然。

著名学者吴文藻于 1942 年在《边政公论》第一卷五、六期上发表了《边政学发凡》。作者自称："本篇之作亦属初步尝试性质，只能先给边政学划出一个轮廓"，但对边政学的学科建设诸多方面均做了科学的阐论，择其要者，可归纳为如下三端：

一是，对边政的界定。

"边政有广狭两义之不同：边疆政治，系边政之广义；

边疆行政，系边政之狭义。边疆政治可以包括边疆行政，但边疆行政不能包括边疆政治。……至于边疆政策，乃是根据边疆原理推演出来的，必须慰藉边疆行政机构职能见诸实施。其地位介于边疆政治与边疆行政之间。”

二是，边政学研究的内容。

作者明确提出：“边政学就是研究边疆政治的专门学问”。边政学的目的有二：“一是理论的，一是实用的。边政学原理的阐发，可使移植科学迅速发达，专门知识日益增进，举凡人口移动、民族接触、文化交流、社会变迁皆可能追本寻源，探求法则。这是边政学在理论上的功用。边政学范围的确定，可使边疆政策有所依据，边疆政治得以改进，而执行边政的人对于治理不同族不同文的边民，亦可有所借鉴。‘为政由学始’，就是这个道理。这是边政学在实用上的功用。”作者进而阐发了边政学研究的内容，是“研究关于边疆民族政治的思想、事实、制度及行政的科学”。“第一部分为思想，是属于理论的；第二部分为事实，是属于叙述的；第三部分为制度，是属于分析的；第四部分为行政，是属于实践的。四者之中，自以事实的叙述及制度的分析，在研究上最为重要。”

三是，边政学与有关学科的关系。

“欲使边政学发展成为一门独立学科，端非专从边政学本身着想，可以竣事；必须设法与相关学科，密切联系，始克有成。”与有关学科关系，其一系与理论社会科学的关系，“在理论社会科学方面与边政学关系最深者，首推人类学、社会学，及政治学；其次，则为经济学、法学，及教育学；又其次，则为史学、地理学，以及其他有关国防的科学。欲使边政学的观点正确，方法精密，题材丰富，内容充实，就必须从这种种学科，随时吸收其精华。非如此不足以建立边政学的学术基础”。其二系与应用社会科学的关系，“尚有边疆教育、边民福利事业，以及边疆文化变迁的研究。”还应包括“海外华侨社会的研究”。“这种实际知识，对于边政学的益处，实在是无可限量的！”

吴文藻关于边政学建设的主张，在当时政界、学界、教育界均得到关注，一些著名大学如中央大学、西北大学等均设边政学。当时中央政治学校、边疆学校特设边政专修科，蒙藏委员会亦专开蒙藏政治训练班，培养专门人才。即使在 80 多年后的今日，该文所阐论的有关边政学学科建设的构想，仍不失其学术生命力。

段金生在其《20 世纪三四十年代的中国边疆研究及其

发展趋向》[1]一文中对当时边疆研究的特点与发展趋向有一段中肯的评析：

20世纪三四十年代的中国边疆研究，呈现出逐渐突破传统史学窠臼，向独立学科发展的基本趋势。传统的边疆研究，属于史学研究的范畴，而随着中国学术的近代转型，学科分化趋细，近代中国边疆研究也出现了重要转变。有学者在论及西北边疆史地研究时曾言："如果从学科门类来看，当时的边疆研究属于历史学和历史地理学这样一个范畴。这些都是中国的传统学问……那时的边疆研究不是借用新兴的学科，而是借助中国传统的史学工具来研究边疆问题的。"[2]西北边疆史地研究虽已有关注边界、国外事务的倾向，在研究内容与研究视野上有了较大发展，但仍属于传统研究范畴。20世纪三四十年代的中国边疆研究，受西方学理及时代思潮的影响更深，其研究内容、方法、理念等均有了本质突破。在研究内容上，主要围绕边疆地区的自然环境、政治、经济、文化、军事、国防、人口、民

---

① 载《中国边疆史地研究》2012年第1期。

② 王利平等：《20世纪上半叶的中国边疆和边政研究——李绍明先生访谈录》，《西南民族大学学报》2009年第12期。

族等问题展开学术探索。在具体的研究方法上，除了传统的实证、文献资料外，大量运用了民族学、人类学、政治学、社会学、行政学等学科理论与方法，并明显具有了西方专业化研究的特点。这一时期，经过前期的积累及西学传播后国人学术思维、视野近代化的影响，中国的边疆研究已经不再局限于传统史学研究的藩篱，学者们开始尝试架构边疆研究自身的方法与理论。

20世纪三四十年代的中国边疆研究，在研究理念上呈现出跨越学科的多维视角。近代中国边疆问题复杂，已经不仅是传统中国内部的中原王朝与周边少数民族政权关系的演变发展，而且具备了近代民族国家的主权与领土争端内容。传统的较单一的史学实证记载研究方法已经无法适应这一新的变化。近代中国的学术经历了复杂的转型，边疆研究作为中国学术研究的重要组成部分，一方面既有突破史学学科藩篱的趋向，另一方面在具体的研究过程中也必然借鉴和运用了西方传入的各种方法以深入研究探讨中国的边疆问题。早在20世纪30年代以前，虽然当时政局不安，但这一时期中国的科学研究却突飞猛进，在生物学、地质学、考古学等方面均取得进步，并且各种关于边疆学术的考察团也相继出现。不过在1930年以前，虽然成立的边疆学术考察团较多，但大部分注意的是自然科学的考察，较少从社会科学的角度进行研究。虽然在30年代以前，从社会科学的角度进行边疆研究的学术社团或机构寥若晨星，但是自然科学的研究为以后边疆研究的综合发展奠定了良好的基础。30年代以后，这种跨学科的多维的综合研究视角与方法已经基本形成。三四十年代研究边疆的学术群体而论，除了史学研究者外，凌纯声、柯象峰、李安宅、吴文藻、张少徽、李景汉等重视边疆研究方法与理论的学者多属于民族学、人类学、社会学等学科。这表现了中国边疆研究进入各学科交叉综合运用的基本发展趋势。

总之，20世纪三四十年代的中国边疆研究，其研究内容、方法、理论等是传统学术向近代学术转变的反映。中国有借学术言政治的传统，学术研究与社会政治联系密切，中国的边疆研究亦不例外，具有为现实政治服务的功能。这一时期的边疆研究，虽然具有一些缺欠，但对于促进中国学术发展、完善国家对边疆社会事务的治理等起到了不可替代的重要作用。正如民国有论者所言：“我们研究边疆问题，还是一个拓荒者。我们虽不敢说我们是第一次的探险队，可是这里的结晶品，即好比许多艰苦卓越的工程师，煞费了全部的精力，刚刚从深山里掘出的几块矿苗。虽然这些矿苗里，可以炼出金子，也可以炼出银子，甚至于铜铁铅锌，也不免掺杂其间。因为在这拓荒的时代，拓荒者第一步只在搜寻广大的矿苗，至于这矿苗内铁的提炼，或不免有疏忽的地方。”[①]他们的研究成果，对于今天的中国边疆研究的深入发展仍具重要意义。

当时除吴文藻的“边政学”、顾颉刚的“边疆学”在边疆研究学坛独树一帜外，还有杨堃的“边疆教育学”，杨成志的“边疆学”，李安宅的“边疆社会工作学”，以及杨成志的“边政研究”。但杨堃、杨成志、李安宅这些提出学科的构想的学者，对其系统阐述比较有限，即使是较为系统的阐述者，在当时就受到支持和拥护，得到传播和推广的仍然很少。[②]

① 《新亚细亚》第1卷第6期，1931年。

② 参阅汪洪亮：《“问题”与“主义”之变奏：近代以来中国边疆学构筑的回顾与前瞻》，《中国边疆史地研究》2020年第4期。

题之四，中国边疆研究的四十年创新

改革开放后中国国际、国内形势的变化，科学的春天带来学术研究事业的盎然生机，为具有优良传统的中国边疆史地研究复苏准备了条件，但中国边疆研究面临重重困难，举步维艰！

当时中国边疆史地研究的状况不尽如人意之处比比皆是，非学术因素的禁区林立，限制较多，针对这种局面，学者希望做到以下两点：

一是放宽对研究人员查阅边界档案资料的限制。中国与邻国有边界问题始于清朝，清朝的中央档案全部存放于北京的中国第一历史档案馆，北洋政府、民国政府的中央档案存放于南京的中国第二历史档案馆。由于对档案资料的限制没有明确规定，什么资料敏感，什么资料不敏感，档案馆的同志也不清楚，所以给工作带来很多麻烦。

学者们说，边界档案中确有若干属敏感性质的，现在就像西方国家那样档案在一定期限后自然开禁，可能还做不到；但最起码应明确规定哪些是真正该限制的，哪些则是可以公开查阅的，不能像现在这样全都视为机密；至于对承担政府研究任务的学者，更不应限制，查阅档案的审批手续也应适当放宽。

二是放宽对疆域和边界问题研究成果的限制。只要有理有据，有一定的学术价值，且不损害国家民族利益，就应该允许发表；发表限制只能局限在政府交办的研究课题上。学者们之所以不愿研究边疆史地，一是因为研究条件差，二是因为论文无处发表。

学者们说，最关键的是观念转变，真正做到把学者的观点作为学者个人观点对待。长期以来，我们往往把凡是在中国发出的声音统统视为国家的声音，把学者的研究当作配合政策的宣传舆论，连有利于政府谈判的观点也不易发表，弄得国外也把中国学者看作政府的代言人，一有什么文章发表就认定中国政府有什么部署，结果是我们自己把自己搞得很被动。平时不让研究，碰上事了又临时抱佛脚，我们连人家说的是什么都不知道，怎么研究？[①]

---

① 参阅吴会劲：《学者呼吁放开中国边疆史地研究》，载《中国边疆史地研究导报》1988 年第 4 期。

始于20世纪80年代中国边疆研究的创新，学界称为第三次中国边疆研究高潮，迄今已逾四十年，仍保持可持续发展的强劲势头，回顾四十余年演进历程，大体可以新世纪为界，分为前后两个阶段：20世纪80~90年代，是中国边疆史地研究恢复生机、重获发展的20年；新世纪以降的20年，实现了中国边疆研究从兴盛到构筑中国边疆学这样的转变。

本题将叙论重点放在20世纪80年代以后的20年，将成立于1983年中国社会科学院中国边疆史地研究中心的科研实践作为剖析对象，进行阐论。中国边疆史地研究中心的开创性工作为推动第三次中国边疆研究高潮的出现并持续发展做出了贡献。

一、中国边疆研究新起点的一个标志

改革开放后，科学的春天为学术研究事业带来盎然生机，为中国边疆研究的新发展准备了条件。中国社会科学院鉴于国际、国内形势的变化，于1983年3月19日正式成立了中国边疆史地研究中心（以下均简称边疆中心），著名史学家、民族研究所顾问翁独健教授为主任[①]，民族所《民族研究》原主编邓锐龄为副主任。

边疆中心的成立是中国社会科学院为面对中国现实需要，完善学科建设，落实中央相关精神的一项重要战略决策。1982 年 2 月 4 日，胡乔木曾就我国边疆沿革史研究等问题，致函李先念、赵紫阳、黄华、朱穆之，“建议中央指定现有部门成立专门机构，进行长期研究，并下决心出一批书，这样才能培养新的专业人才，才能使我遇到有关问题时便于应付”，避免“临时抱佛脚，事后就撒手，致资料无法积累，人才日见（渐）凋零”。3 月 6 日，李先念批示，“同意胡乔木意见，应该重视关于中外关系史和中国边疆沿革史的研究工作”，“研究改进措施，加强这方面工作”[②]。

边疆中心是中国社会科学院领导下的一级单位，行政后勤工作由民族所承担，在业务安排、人员调配、经费使

---

① 《中国社会科学院编年简史（1977—2007）》，社会科学文献出版社 2010 年 10 月版，第 107 页。2014 年 9 月，中国边疆史地研究中心更名为中国边疆研究所，本书凡 2014 年 9 月后均用中国边疆研究所，特予说明。

② 参阅《中国社会科学院编年简史（1977—2007）》，社会科学文献出版社 2010 年 10 月版，第 75 页。

用上给予一定的自主权。研究中心有合理的结构，可设立图书资料、编辑、研究等室。

边疆中心成立之初，确定的任务是：

（1）在民族所已有藏书基础上，搜集边疆沿革文献史料，逐步形成一个权威性的善本资料中心，供国内研究者使用，争取在二十年内建成一个在亚洲有重要影响的边疆沿革历史文献资料馆。

（2）整理、翻译、编辑有关边疆沿革的史料和有价值的学术论著，出版资料性的《边疆史地丛刊》。

（3）组织中心的研究人员并与全国协作开展边疆史地、民族、边界形成等方面的研究，创办《边疆史地》或《边疆史地研究报告》等刊物，发表有关研究成果。

（4）有计划培养边疆史地人才。

（5）向有关部门及时提供所需的资料和材料。[①]

但是 1983 年至 1987 年的四年间，边疆中心发展的步履异常艰难，原因虽然十分复杂，然而有两条主要的教训却是十分明显的：

---

① 《院科研办公室关于筹建中国边疆史地研究中心请示报告》（1983 年 2 月 21 日）。

一是，初创时边疆中心高度重视中国边界问题研究，这固然完全正确，但此类问题政治上敏感，使研究工作碰到诸多难以克服的困难，诸如资料搜集的种种限制、研究专门人才匮乏、研究成果难以发表等，这些无不困扰工作的正常展开，致使边疆中心工作长期难于取得明显进展。

二是，边疆中心管理体制有严重缺陷，多头管理使正常工作难于顺利开展，无穷的商议与协调消耗边疆中心领导极大精力，又收效甚微。

以上两个因素极大地制约了初创时边疆中心工作的顺利开展。

1986 年 5 月 28 日翁独健逝世，对于面临困难的边疆中心更是雪上加霜！中国社会科学院领导针对上述情况，为更有力推动边疆研究的开展，于 1987 年 2 月 14 日决定“中国边疆史地研究中心为院领导下的一个开放性研究中心，其行政工作划归近代史所管理，业务工作直接对院负责；任命吕一燃为中国边疆史地研究中心主任，马大正为副主任；批准吕一燃、马大正、余绳武、刘存宽、杜荣坤、邓锐龄、陈可畏组成中国边疆史地研究中心学术委员会”[1]。

边疆中心的成立与调整，是中国边疆研究史发展进程中一个新的重要坐标，它是中华人民共和国成立以来第一个以中国边疆为研究对象的专门研究机构。

二、三大研究系列的提出与实践

在推动第三次中国边疆研究高潮的到来，边疆中心当时的工作起到了十分重要的作用。1987 年调整后的边疆中心工作千头万绪，既有聚集人才的任务，又面临如何在中国社会科学院现有的管理机制下办好开放性研究中心的问题，在所有工作中重中之重是如何调整思路，冲破研究工作中存在的种种非学术因素制约。中国边疆史地研究急需研究的课题很多，选择既能突破“瓶颈”，又能带动全局，充分发挥边疆中心组织协调作用的研究方向和重点是当务之急。在总结前四年边疆中心工作经验和教训的基础上，集思广益，终于确定了边疆中心科研工作的重点为倡导并

---

① 《中国社会科学院编年简史（1977—2007）》，社会科学文献出版社 2010 年 10 月版，第 184 页。

推动三大系列的研究，三大研究系列为：古代中国疆域史，中国近代边界沿革史和中国边疆研究史。

古代中国疆域史研究。其研究内涵十分丰富，尤其是其中的中国古代边疆政策，是一个带有全局性的研究课题。它是中国边疆史地研究的传统项目，古今学者对此倾注了心血。中国历史上各代、各朝无不存在边疆问题，统治者相继制定和实施相应的边疆政策。中国古代边疆政策自秦汉时期初具规模，经唐、元、明、清诸强大统一王朝的补充、完善，渐成体系，其完整性和丰富性为他国历史所罕见。边疆政策的成败得失，不仅与彼朝彼代的存亡兴衰休戚相关，而且对统一多民族国家的形成和发展，也产生了不容低估的影响。时至今日，认真总结和评估古代边疆政策的成败得失对于维护国家统一、边疆稳定、民族团结仍很有意义。中国古代边疆政策的内涵十分丰富，研究层面很多，这是一个大有可为的研究领域。今天我们从统一多民族国家的形成和发展这一前提出发，又提出中国古代传统治边思想、中国历代边疆管辖制度等研究课题，新的研究课题的提出，以及这些课题周缘的扩展，必将不断拓宽研究者的视野。

开展中国近代边界沿革史的研究更是刻不容缓。半个多世纪以来，中国近代史、帝国主义侵华史、中外关系史、民族史、地方史等领域的研究已达到的广度与深度，为深化中国近代边界变迁史研究创造了极有利的条件。除应积极编撰多卷本的《中国近代边界变迁史》外，还应开展多界面、多层次的专题研究，诸如地区性的边界变迁史、近代不平等条约与边界问题、近代中国边疆危机与中外诸方对策、近代边疆危机与边疆社会变化，等等。总之，这一领域关系到三百多年来中国社会发生的变化，以及中国与有关各国政治、外交、军事、经济、民族等方方面面。

从史学史角度系统收集与评述 19 世纪以来中国学者研究中国边疆史地的成果，是一件值得下大力气的工作。近代以来，中国边疆史地研究出现过两次高潮。第一次是鸦片战争后，资本主义列强用鸦片和大炮打开了闭锁的清帝国大门，一系列不平等条约的签订导致西北、东北、西南边疆相继出现严重危机，以魏源、何秋涛、夏燮、梁廷枏、徐继畬、曹廷杰等为代表的具有爱国主义思想的学者为抵御外侮、巩固边防，发愤潜心于边疆史地研究，他们的著作至今仍不失为警世之作。这一研究发展的势头至清末而不衰，从而促进了历史沿革地理学的发展，出现了丁谦、杨守敬等毕生致力于斯的学者，1911 年出版的杨守敬、熊会贞合作编著的《历代舆地图》是我国地图绘制史上的空前巨著。第二次是在 20 世纪 30 年代至 40 年代，一批接受资产阶级史学理论和方法的中国学者，痛心于深重的民族危机，希冀通过边疆史研究，激发国人之爱国热忱，其成果令人瞩目。要了解 20 年代至 40 年代边疆史研究全貌，还有待进一步做细微工作，在宏观上，我们可以总体叙述这一时期中国边疆史地研究发展的成就与不足；在微观上，可研究学者、学术团体等的学术活动、成败得失。对研究个体、研究群体的评述尤应重视，因为从个体到群体的过渡和群体的形成是学科发展的标志和保证。就个体而言，应花大力气总结每个学人的学术成就与不足，调查 20 年代至 40 年代边疆史地学工作者的学术生涯，从中获得生动和丰富的感性认识，使我们对学人的评述更完整、更富立体感。至于国外研究的进展更不可忽视。“他山之石，可以攻玉”，唯有知人之长，才可补己之短，加快中国边疆史地研究的发展。

当然，上述三大研究系列，并不能包括中国边疆史地研究的全部内涵，诸如边界理论的研究，边疆史地研究与法学、外交学、民族学、社会学、考古学等众多学科的关系，作为一门多学科交叉的边疆学的内涵与外延、对象与方法，等等，都将成为学者们求索的对象。但提出开展三大研究系列研究的任务，确是第三次研究高潮中第一个突破！这突破了以往仅仅研究近代边界问题的狭窄范围的局限。

三大研究系列的提出与实施，得到学界同行的认同与响应，20 世纪 80 年代末以来，有关边疆政策、边疆治理、边疆开发的断代性、专题性著作与论文不断面世，逐渐成为史学研究领域的一个热点和亮点。边疆中心同人也不失时机，由边疆中心专家牵头，先后启动三个带有统领全局性质的项目，它们是：1987 年由吕一燃教授主持的《中国近代边界研究》作为国家社会科学“七五”规划重点项目立项，20 年后的 2007 年，该课题以《中国近代边界史》分上下卷近 65 万字，由四川人民出版社正式出版；1990 年由林荣贵教授主持的《中国古代疆域史》作为国家社会科学“八五”规划重点项目立项，17 年后的 2007 年该课题分上、中、下三卷四册 161 万字，由黑龙江教育出版社正式出版；1990 年由马大正教授主持的《二十世纪的中国边疆研究》作为 1990 年度国家社会科学基金项目立项，7 年后的 1997 年该课题由马大正、刘逖联名，以《二十世纪的中国边疆研究——一门发展中的边缘学科的演进历程》22 万字，由黑龙江教育出版社正式出版。三个项目均是集体合作项目，它们的编撰与出版对于三大研究系列的展开与推动是实实在在且十分有力的。

上述三个项目的实施，以及相关丛书、丛刊和《中国边疆史地研究》的出刊，为边疆中心与全国相关研究部门和学者间的沟通与合作拓展了渠道、提供了平台。使开放性的边疆中心研究工作进入良性循环的轨道，显示了边疆史地研究强大的生命力。

为了冲破实际存在的研究禁区，推动以三大研究系列为主题的边疆史地研究的展开，边疆中心经过多方努力，并得到国家社会科学基金办公室的理解和支持。国家社会科学基金办公室为扶持中国边疆史地学科的发展，从 1987 年起，在中国边疆史地研究中心设立国家社会科学基金边疆史地学评审小组，评审有关边疆史地学的申请课题。评审小组以中国边疆史地研究中心学术委员会组成人员为主体，邀请若干位专家参加。评审小组从边疆史地学科发展的大视野出发，根据研究课题的学术价值和现实意义、研究计划的可行性、课题申请人完成立项课题的能力和条件等，进行公平评议。1987—1990 年共评出“清代的边疆政策”、“清代政区沿革图集”、“中国历代西北开发思想与政策”、“中国西北屯田戍边史”、“中国西部边疆发展史”、“新疆经济开发史”、“突厥语诸部在天山地区的活动及其伊斯兰化的发展（8~12 世纪）”、“察哈台汗国史”、“叶尔羌汗国史”、“中亚浩罕国与清代新疆”、“7~10 世纪青藏高原与外部交通”、“英俄侵略西藏史”、“英国侵略新疆史与中印西藏边界问题研究”、“中朝界务史”、“钓鱼岛岛屿归属研究——兼质奥原敏雄教授”、“20 世纪中国边疆研究史”等 16 个课题项目。从 1991 年起，国家社会科学基金边疆史地学的评审工作划归中国历史学评审小组办理（实际上在中国历史学评审小组内有一个专设的边疆史地类的评审小小组），又先后有“中国古代疆域史”、“清代中俄恰克图贸易”、“唐努乌梁海史”等课题立项。上述涉边疆史地内容课题得以立项，不仅推动了边疆史地研究的深化，更重要的是，极大地鼓舞了长期被“边缘化”的边疆史地研究者的研究积极性，这些课题大多按时保质完成，且大多数课题入选边疆中心主持的丛书中。

《国家社会科学课题指南》定期发布中国边疆史地研究的重大课题，以及边疆史地类项目单独评审政策的施行，大大地促进了中国边疆史地研究事业的发展[①]。

三、四次学术讨论会的召开与影响

在第三次研究高潮发展进程中，1988 年以降的 20 余年间，四次全国性的中国边疆研究学术讨论会的召开，在深化中国边疆史地研究上，特别在拓展中国边疆研究上起到了不可低估的作用。

1988 年 10 月 22 日至 26 日，由中国社会科学院中国边疆史地研究中心与中国人民大学清史研究所联合主办的“中国边疆史地学术讨论会”在北京召开，来自全国 17 个省、市、自治区，包括汉、蒙古、回、朝鲜、白、柯尔克孜等民族的 107 位学者参加了会议，会议收到论文 80 篇，内容包括中国历代边疆政策、边疆管辖、边疆开发、边疆经济与文化、边疆民族与民族关系、边臣疆吏、边界研究、边疆和边界研究概况与评述等多个方面，从不同侧面反映

---

① 参阅吕一燃：《欣慰的回顾——纪念中国边疆史地研究中心建立 30 周年》，载《中国边疆学》第一辑；江学：《国家社会科学基金中国边疆史地类评审工作完成》，载《中国边疆史地研究导报》1990 年第 5 期。

了当时我国边疆史地研究的成果和研究动向。《人民日报》以“中国边疆史地不再是学术禁区”为题，对该次会议做了报道。会议成果以《中国边疆史地论集》结集出版（吕一燃主编，黑龙江教育出版社 1991 年版），共收录论文 33 篇。

1999 年 9 月 12 日至 16 日，由中国社会科学院中国边疆史地研究中心与浙江省象山县人民政府联合主办的“第二届中国边疆史地学术讨论会”在浙江省象山县召开。来自北京、长春、哈尔滨、西安、兰州、乌鲁木齐、昆明、郑州、烟台、厦门和象山的近 40 位学者向会议提交了 31 篇论文，内容包括中国边疆学构筑、边疆研究相关理论问题、不同历史时期的边疆治理和边疆管理体制、古代至近代的边疆开发、当代边疆民族社会调查与历史档案资料开发利用等方面。基于近百年来中国边疆研究发展的积累，尤其是 20 世纪 80 年代以来中国边疆史地研究的兴盛，当代中国边疆问题日益为人们所关注，中国几代学者倾注心血的中国边疆理论研究和努力神往的中国边疆学的学科框架构筑被重新提上议事日程。中国边疆理论研究包括陆疆、海疆和边界的理论问题与实际的结合，探索中国边疆历史发展与统一多民族国家形成的发展规律。中国边疆学的构筑包括概念与范畴、学科性质和任务、体系和功能，等等，建立以马克思主义为指导的、有中国特色的中国边疆学理论体系。此次会议成果与同年8月23日至26日在乌鲁木齐召开的“世纪之交新疆历史研究回顾与展望学术研讨会”成果一并以《中国边疆史地论集续编》结集出版（马大正主编，黑龙江教育出版社2003年版），共收录论文33篇。

2006年8月6日至9日，由中国社会科学院中国边疆史地研究中心与云南大学西南边疆少数民族研究中心联合主办的“第三届中国边疆史地学术研讨会”在昆明召开。来自北京、上海、辽宁、吉林、黑龙江、新疆、内蒙古、云南、四川、江苏等省、自治区、直辖市的70多位学者出席了会议，共提交论文45篇。会议讨论了疆域理论研究、边疆治理与开发、边疆民族研究、中国边疆学的构筑等方面研究专题。

2013年11月14日至15日，首届中国边疆学论坛暨中国边疆史地研究中心成立30周年座谈会在北京召开。此次会议由中国边疆史地研究中心、国家领土主权与海洋权益协同创新中心共同主办。来自全国各地的百余位专家学者参会，收到会议论文近70篇。在为期两天的论坛上，与会专家学者围绕中国边疆学前沿理论和中国边疆学重大应用问题展开广泛深入的交流，在历代治边政策、历代治边思想、藩属与朝贡体系、海疆领土问题、边疆民族与文化、当代边疆稳定与发展、边疆地区与周边关系以及对中国边疆学的未来发展等研究专题，与会学者认为，改革开放以来，中国边疆的内外形势发生了很多变化，中国边疆问题理论研究需要关注的领域和范围大大拓宽，因此应立足于中国边疆所面临的新情况、新问题和新挑战，努力构筑边疆研究学科体系，以中国边疆学为基本框架，全面、深入、客观地分析和审视中国边疆安全、稳定及发展问题，不断以创新性的研究成果，深化和繁荣边疆理论研究，切实维护我国领土完整，保持边疆的稳定与发展，促进我国周边环境的和谐安定。

四、创建刊发边疆史地研究成果的学术平台

为了打破当时有关边疆研究成果出版难的“瓶颈”，求人不如求己，创建能相对稳定刊发和出版三大研究系列研究成果的学术平台——期刊和丛书，仍是一项当务之急的工作。

在人力、经费十分困难的条件下，1987 年边疆中心率先在兰州大学历史系主办的《西北史地》上开辟“中国边疆史地研究”学术专栏（1987 年 9 月至 1989 年 12 月，出刊 10 期），发表文章 44 篇，40 余万字。“以中国边疆史地作为研究客体而独辟学术专栏，在 40 年的大陆史坛尚属首次，因而颇得史界同人，特别是地方史、中外关系史、民族史研究者的关心与支持，使得专栏成为发表边疆史地研究者论文，沟通彼此信息的小小的园地。”[①] 研究内容包括中国古代疆域史、近代边界史、边疆研究史和当代边疆问题等，尤其是中国近代边界史的研究，涉及几乎所有近代以来的边界问题，这是中国学者对中国边疆史地研究爱国主义优良传统的发扬，也是对长期以来这一研究领域有形无形禁区的一次大冲击，其深远意义无论如何评价也不为过。

边疆中心在 1988 年 6 月至 1990 年 12 月编印了《中国边疆史地研究导报》16 期；1987 年 10 月至 1993 年 12 月还编印了《中国边疆史地研究报告》17 期。

---

① 吕一燃、马大正：《前进中的回顾——写在学术专栏“中国边疆史地研究”终刊之时》，《西北史地》1989 年第 4 期。

经过不懈努力，1990 年 12 月 7 日，中华人民共和国国家新闻出版署发文，正式批准中国边疆史地研究中心创办公开发行的期刊《中国边疆史地研究》。有关负责同志称：在国家从整体上整顿压缩期刊的前提下，批准“边疆中心”的办刊申请，是因为出版署认为新刊的创办，可以促进中国边疆史地研究事业的发展，从而在关系到国家统一、民族团结、领土完整、边疆地区安定与发展的事业中发挥积极的作用，并能使世界各国更多地了解我国的研究进程和政策立场[①]。《中国边疆史地研究》于 1991 年 7 月正式出刊，迄至 2021 年走过了三十个年头，出刊 122 期，至今仍是中国唯一的边疆研究的专业学术期刊。

边疆中心为研究者提供更宽阔的园地，自 1988 年始，在中国社会科学院和社会出版界的关心支持下，组织出版了 5 套丛书（刊）。

“中国边疆史地研究丛书”。1990 年由中国社会科学出版社开始出版，至 1995 年第一批选题八种，已出版了七种，它们是《中国古代边疆政策研究》（马大正主编）、《清

① 《中国社会科学院中国边疆史地研究中心简报》1990 年第 6 期，1990 年 12 月。

代的边疆政策》（马汝珩、马大正主编）、《清代边疆开发研究》（马汝衍、马大正主编）、《中国边疆民族管理机构沿革史》（赵云田著）、《辽代经营和开发北部边疆》（林荣贵著）、《康雍乾经营与开发北疆》（袁森坡著）、《中亚浩罕国与清代新疆》（潘志平著）。总字数达300万字。

“中国边疆史地文库”。1993年开始由社会科学文献出版社出版，至1995年底已出版了四种：《中东铁路护路军与东北边疆政局》（薛衔天著）、《中国边防史》（郑汕主编）、《南海诸岛史地研究》（韩振华著）、《中越边界史资料选编》上下册（萧德浩等编）。

“中国边疆史地研究资料丛书”。自1988年出版第一种《清代边疆史地论者索引》（中国人民大学出版社出版）以来，这套丛书主要是出版有关论著索引的工具书，研究索引工具书还有《西域史地论文资料索引》（刘戈、黄咸阳编，新疆人民出版社1988年出版）、《海南及南海诸岛史地论著资料索引》（李国强、寇俊敏编，中州古籍出版社1994年出版）。其他选题还有《中国边疆古籍题解》（范秀传主编，新疆人民出版社1995年出版）、《两唐书回纥传回鹘传疏证》（刘美崧著，中央民族学院出版社1988年出版）。

"中国边疆史地资料丛刊"。该丛刊以收集中国边疆史地古籍中罕见的稿本、抄本和刻本为主，兼收有重要史料价值的少数民族文字文献的汉译文。丛刊依中国边疆地区立卷，1988年至1995年已出版了6卷9种11册。它们是：综合卷两种，《清代理藩院资料辑录》（赵云田编）、《蒙古律例·回疆则例》；蒙古卷两种，《清代蒙古高僧传译辑》（成崇德、申晓亭译编）、《清末蒙古史地资料荟萃》（吴丰培编）；新疆卷两种，《清代新疆稀见史料汇辑》（马大正编）、《新疆乡土志稿》（马大正、黄国政、苏凤兰编）；东北卷一种，《光绪朝黑龙江将军奏稿》上下册（杜春和编）；西藏卷两种，《达赖喇嘛三世、四世传》（陈庆英、马连龙译编）、《五世达赖喇嘛传》（陈庆英、马连龙、马林译）；滇桂卷一种，《苍梧总督军门志》（何林夏校勘）。

还有一套由黑龙江教育出版社出版的"边疆史地丛书"，自1989年策划始，历经20年出版历程，成为中国边疆史地学术著作之林中的一枚奇葩。至2009年11月，吕文利《历史书写与藩部政治——〈皇朝藩部要略〉研究》出版，"边疆史地丛书"走完了它20年难忘的岁月。

"边疆史地丛书"作为一套持续出版了20年的学术丛

书，在推动边疆史地研究的深化、聚集研究人才等方面均起到了良好的作用，其学术上值得重视之处有如下三端：

一是，丛书选题创新，提前人之未提，发前人之未发，具有填补学术研究空白的价值。

综论性专著中，试以林荣贵主编《中国古代疆域史》和马大正、刘逖《二十世纪的中国边疆研究——一门发展中的边缘学科的演进历程》为例。前者161万字，对自先秦至清朝消亡整个历史时期中国疆域的形成、发展、奠定、变迁的全过程做了科学的描述和阐论，其丰富的内涵如该书导论所言：“作为一部相对系统、完整的《中国古代疆域史》，所涵盖的基本内容，应该包括历代疆域格局的沿革、历代王朝（或政权）对其辖区的治理（包括政区建置在内的行政设置和军事戍边政策、措施的推行）和边疆经略（包括陆疆和海疆）的继承和发展情况”，“本书在已有研究的基础上，作一次力不从心的尝试”。而后者，诚如戴逸教授所言：“这是国内外第一部比较系统地研究中国边疆研究发展历程的著作”，“是适应中国边疆研究发展趋势的拓荒之作”，“作者较好地将‘20世纪的中国边疆研究’和‘一门边缘学科的演进历程’这两个主题有机组合起来，也就是较好地将中国边疆研究史研究和中国边疆研究理论研究结合起来，从而也就体现出此书的广度和深度”[①]。赵云田《清末新政研究——20世纪初的中国边疆》出版时是同类主题学术专著的第一部，填补了清末边疆新政这一课题研究中的薄弱环节。

此类创新在专题性论著中更显普遍，如有关中央政府边疆治理方面：王静《中国古代中央客馆制度研究》，李大龙《西汉时期的边政与边吏》、《唐朝和边疆民族使者往来研究》、《都护制度研究》，张永江《清代藩部研究——以政治变迁为中心》，王东平《清代回疆法律制度研究》；有关有清一代涉外关系方面：刘为《清代中朝使者往来研究》，孙宏年《清代中越宗藩关系研究》，朱昭华《中缅边界问题研究》，许建英《近代英国和中国新疆（1840—1911）》；有关历史上边疆地方政权研究方面：马大正等《古代中国高句丽历史丛论》，杨铭《唐代吐蕃与西域诸族关系研究》，魏良弢《叶尔羌汗国史纲》，以及专论南中国海历史与现状的李国强《南中国海研究：历史与现状》等。

---

① 马大正、刘逖：《二十世纪的中国边疆研究——一门发展中的边缘学科的演进历程》，黑龙江教育出版社1997年版，第288~289页。

二是，丛书选题中资料和译著具有重要学术价值。这可从两个方面证明，其一是提供的资料具有指导性和唯一性，前者如吕一燃编《马克思、恩格斯论国家、领土与边界》；后者如包文汉整理《清朝藩部要略稿本》，李佩娟译《古代突厥鲁尼文碑铭》，宋嗣喜译《18世纪俄国炮兵大尉新疆见闻录》，华立译《伊犁纪行》等。其二是重要学术会议的论文结集，应将这项工作视之为一项十分重要的学术积累，而不是可有可无的应景之举，这方面选题如吕一燃主编《中国边疆史地论集》、马大正主编《中国边疆史地论集续编》、马大正等主编《芬兰探险家马达汉新疆考察研究》等。前两种在中国边疆史地研究推进历程中是起过重要作用的，它们是1988年和1999年两次“中国边疆史地学术讨论会”的学术论文结集；后一种是边疆中心主持的、与芬兰有关学术部门合作进行的芬兰探险家马达汉国际学术讨论会上中外学者提交论文的结集。另外还有一本《中国边疆史地研究综述（1989—1998年）》，该书与《中国边疆史地研究》杂志曾开辟并持续多年的年度中国边疆研究论著目录索引，均是学人从事中国边疆研究史不可或缺的资料。

三是，丛书为学有所成的学者出版的论文专集，我们称为专题性学术论集。尽管这类选题在已出版的59种选题中所占比例并不高，但其学术含量一直为业内同行所看重，可视之为本丛书的又一特色。这方面选题有吕一燃《中国北部边疆史研究》，马大正《边疆与民族——历史断面研考》、《中国边疆研究论稿》，周伟洲《边疆民族历史与文物考论》，纪大椿《新疆近世史论稿》，孟广耀《北部边疆民族史研究》等。同类选题中还包括日本学者若松宽编选的论文专集《清代蒙古的历史与宗教》。

当然，丛书选题在学术上的不足和遗憾可留待研究者和读者研判评议，但从选题组织者的角度，我以为至少有一个可引以为明显的缺失，即选题中仅有清代中越宗藩关系和中缅边界问题多少涉及西南边疆，此外将西南边疆历史作为研究客体的选题竟无一种，实在是不可原谅的缺失。

1983年至整个90年代，边疆中心还编印、出版了未列入上述丛书、丛刊的专著和资料，主要有：《西藏学研究在俄国和苏联》（房建昌编），《明实录邻国朝鲜篇资料》（王其榘编），《清实录邻国朝鲜篇资料》（王其榘编），《壬辰之战史料汇集》上下册（吴丰培编），《清代西迁新疆察哈尔蒙古满文档案译编》（牛平汉、吴元丰、阿尔亚主编），《清代政区沿革综表》（牛平汉主编）等。有关著作还有：

马大正、华立《古代中国的北部边疆》(内蒙古人民出版社，1993年)，马大正、王嵘、杨镰主编《西域考察与研究》(新疆人民出版社，1994年)，邢玉林、林世田《探险家斯文·赫定》(吉林教育出版社，1992年)等。

上述以中国边疆研究成果为主题的学术专栏、期刊、丛书、丛刊的出版，成为当时中国史学界一道亮丽的风景线，大大丰富了中国边疆史地研究，有助于推动中国边疆史地研究向纵深方向发展，也有助于培养人才，为在全国形成一支比较稳定的、具有较高水平的专业研究队伍打下基础。

五、当代中国边疆调研展开与影响

1990年，中国社会科学院对边疆中心提出了加强当代中国边疆调研的任务，要求边疆中心站在历史的高度看现状，筹划组织当代中国边疆调研工作。

(一)“当代中国边疆系列调查研究”课题的立项与持续开展

边疆中心开展的当代中国边疆调研与“当代中国边疆

系列调查研究”课题紧密相关。

1990 年，“当代中国边疆系列调查研究”课题作为中国社会科学院重点科研项目正式立项。当时比较热门的是经济发展战略研究，但边疆中心研究人员专长的历史科学属人文科学，为了发挥我们的长处，经过反复研究，课题研究的重点确定在有关边疆稳定的现状和面临的问题。在此基础上积累一定的第一手调研资料，再拓展研究范围。当时选中的第一个“切入点”是从历史、民族、宗教等方面入手，综合研究新疆的稳定问题。

“当代中国边疆系列调查研究”是分阶段实施的研究工程，每期工程 2~3 年，前后持续进行了十个年头。1990 年至 1996 年完成了第一期和第二期工程，共撰写了五篇调研报告，它们是《关于海南省海疆管理和南沙海域现状调查》(1992 年)、《云南边疆地区稳定与发展现状及其对策》(1995 年)；新疆方向有三个：1990 年《新疆维吾尔自治区博尔塔拉蒙古自治州建置、边界的历史与现状》，1993 年《新疆稳定与发展若干问题的评估与建议》，1996 年《新疆地区反分裂斗争的历史与现状：1950—1995 年》。上述三个调研报告各有特点。《新疆维吾尔自治区博尔塔拉蒙古自治州建置、边界的历史与现状》是选择了新疆的一个边境自治州作为点进行调研；而 1993 年的《新疆稳定与发展若干问题的评估与建议》则是对涉及新疆稳定与发展的全局性问题进行认识和研究。该报告提出了三点建议，至今仍有参考价值：一是新疆反分裂斗争的严峻性和尖锐性。新疆社会稳定面临严峻挑战，所以既要有长期作战的思想准备，同时要将研究新疆的稳定问题作为一项系统工程，从战略的高度进行研究，提出对策，实施综合治理。二是对分裂势力的破坏活动要加大打击力度，相应措施要落实。三是要树立“是什么问题，就做什么问题来处理”的观念，强化法制，按法律该抓的就抓，该判的就判，敢于解决问题，而不要什么事都往民族问题上挂。

20 世纪上半叶，新疆地区分裂与反分裂斗争时伏时起，中华人民共和国成立以来反分裂斗争又呈现一些新的特点，而对此几乎无人研究，所以我们考虑先将新中国成立以来新疆地区所发生的各种分裂破坏活动进行系统汇总，分类排比，综合研究，以寻求反分裂斗争的内在规律和经验教训，以此作为新疆稳定问题系统研究的第一步。这项工作是 1994 年立项的，我们选择了新疆反分裂斗争现状，先研究对抗性的矛盾，即武装叛乱和骚乱，人民内部矛盾和意识形态方面的问题放在第二步研究。现在看来，这个选题立项是具有超前性的。

这项工作得到各方面的支持。中国社科院、新疆维吾尔自治区党委和政府部门、新疆军区等都提供了各种便利，并参与了这项工作。在调查研究进程中，我们充分发挥社会科学研究的长处，注意所做的分析更符合实际，提出的对策建议相对具有更多的可操作性。1996 年 8 月，《新疆地区反分裂斗争的历史与现状：1950—1995 年》调研报告脱稿。年底定稿排印上报，1997 年 1 月送交党中央、国务院、新疆维吾尔自治区等方面领导参阅，立即引起有关方面的反响和重视。随后 2 月份新疆发生了“2・5”伊宁骚乱事件和“2・25”乌鲁木齐系列爆炸案件，这项研究成果的意义更显突出。1997 年 4 月 21 日，新疆党委办公厅致函中国社科院科研局，高度评价本项课题，称其“为我区当前反分裂斗争决策提供了重要而及时的参考”[①]。现在看来反响大、反映好，从成果看，首先是选题定得好，具有战略性和超前性；其次是材料新，所使

① 《中国社会科学院编年简史（1977—2007）》，社会科学文献出版社 2010 年 10 月版，第 357 页。

用的材料均为有关部门的第一手资料，以往只有个别材料在小范围内使用过，像这样系统排列、对比分析研究还是第一次。

在调研报告《新疆地区反分裂斗争的历史与现状：1950—1995年》（边疆中心马大正执笔）中，对当代中国边疆稳定面临严峻的挑战进行了宏观的、战略的分析，指出：按性质类型分，可分为两种类型。

第一种类型，政治类型。政治类型中又可以分为三种情况。第一种情况，某些势力要把我们某些边疆省区从统一多民族的中国中分裂出去，所以在政治上表现为分裂和反分裂的斗争，这种斗争是全方位的，既有政治战线上的斗争，也有意识形态领域的斗争，还有武装斗争。第二种情况，由于边疆地区相关联的境外地区的不稳定，造成的冲击。就是说问题不在境内，而是在境外，由于境外的不稳定，对相邻的边疆地区的稳定造成了负面影响。第三种情况，由于历史上遗留的边界问题没有得到彻底解决，存在边界纠纷，影响了相关地区稳定的局面。

根据这三种情况，从当代中国来说，政治类型的第一种情况分裂与反分裂中最突出的地区是台湾、新疆和西藏。这些地区的一些政治势力要搞分裂，要闹独立。第二种情况目前表现在东北边疆地区。东北边疆地区本身也存在很多问题需要克服，需要解决。但是现在最大的挑战来自朝鲜半岛。朝鲜半岛政治形势的不确定性对东北边疆地区的稳定带来很多负面的影响。第三种情况遗留的边界问题。从当前陆地边界来看，主要是中印边界的历史遗留问题。从海疆来看，一个是钓鱼岛的争端，一个是南沙群岛主权的争端，近几年还有东海海疆的划界。

第二种类型，是经济类型。经济类型相对比较简单，就是某些势力集团为了追逐高额利润，在我们的边疆地区进行跨国犯罪，包括贩毒、拐卖人口、走私枪支，等等。特别是贩毒，这一点从当前来说，热点地区还是云南、广西，特别是云南，因为它毗邻金三角。这种犯罪活动，特别是贩毒，确实对当地社会的方方面面带来非常严重的影响。

当代中国边疆稳定面临的挑战主要是这两种类型。根据这两种类型，我们从研究的角度确定了四个重点地区和一个次重点地区。四个重点地区是台湾、新疆、西藏和海疆，一个次重点地区是东北边疆。

在调研报告《关于海南省海疆管理和南沙海域现状调查》（边疆中心林荣贵执笔）中，对南海海疆管理体制及其职能运作情况和南沙海区现状作了客观描述后，提出如下五点建议：

一是，要协调军、政部门职能，进一步完善南海海疆管理体制，提高海疆地区的管理能力。

二是，树立解决南沙问题长期性战略观点，对一些申索国的动向，应持高度警惕。

三是，开展多种形式活动，显示中国维护南海主权的决心和我在南沙海区的军事存在。

四是，致力于南海地区综合开发事业。

五是，寻找海峡两岸在维护南沙主权上的合作途径。

1997年至2000年又先后完成了第三期和第四期工程。

边疆中心在总结以往调研的基础上又先后完成了七篇调研报告，云南方向的有《云南禁毒工作追踪调研》（1997年），《泰国“改植工程”与云南“替代种植”的比较研究》（1999年），《越南毒品问题对我云南边疆地区的影响》（2000年）；东北边疆方向的有《朝鲜半岛形势的变化对东北地区稳定的冲击》（1998年）；新疆方向的有《新疆社会稳定战略研究》（1999年），《新疆反暴力恐怖活动借鉴——以色列反恐怖主义斗争研究》（1999年），《新疆生产建设兵团布局与新疆稳定研究》(2000年)。

在调研报告《新疆社会稳定战略研究》(边疆中心马大正执笔)中，根据新疆反分裂、反恐斗争实际，重申了维稳新疆社会稳定的五点战略判断，即：分裂是新疆的主要危险，维护新疆稳定是一项社会系统工程，发展新疆经济是第一位工作，坚持维护民族团结三原则(多民族祖国大家庭统一、各民族权利事实上平等和利益兼顾、各民族在法律面前人人平等)，干部问题是新疆发展和稳定诸问题之重中之重。

在调研报告《新疆生产建设兵团布局与新疆稳定研究》(边疆中心马大正执笔)中，提出了新世纪完善兵团布局的基本思路：

完善兵团布局的基本思路可用16个字来概括：抓住两头，突出中心，画圆南圈，加强一线。

一是要“抓住两头”，即充实、加强兵团哈密管理局和喀什地区的农三师，二者酷似一个口袋的“口”和“底”，哈管局是内地进疆的入口，具有极其重要的战略地位，扼住此“口”，才能保证新疆与内地的联系不致中断，而喀什地区处于祖国领土最西端，又面临今天动荡多变的中亚和西亚地区，不扼住这个底，一旦周边有乱，后果堪忧，只有“口”“底”结实，才能保持全疆的稳定。因此，加强农三师并以小海子垦区为基础建立图木舒克市势在必行。

二是要“突出中心”，阿克苏地区地处新疆中心，是南疆承东接西、南上北下的战略要冲，现在阿克苏地区的农一师的实力虽比较强，但仍应继续增强其实力，并以阿拉尔垦区为基础建立阿拉尔市，使农一师可以兼顾东西两侧的农二师和农三师，形成稳定南疆的一块“基石”。

三是要“画圆南圈”，纵观塔克拉玛干沙漠周缘兵团团场的分局态势，尚有两大段团场分布的空白点，一是阿克苏至库尔勒之间，特别是库车、新和、沙雅、轮台四县；二是和田以东策勒至若羌一线。应创造条件，有计划、有步骤地在上述地区增建团场，在塔克拉玛干沙漠北缘和南缘团场“空档”地区充实兵团力量。为此，农一师与农二师共同向库车、新和、沙雅、轮台四县地区增布团场；农一师、农三师共同向克孜勒苏州增布团场，而最重要，也是最紧迫的是尽快将和田管理局升格为师的战略部署落实，将现在只有 2 万余人的和田管理局扩充至 3 万 ~5 万人，并依据和田地区尚未开发的水土资源潜力，将团场布点沿塔克拉玛干沙漠南缘由西向东延伸，与农二师团场布点连接，确保新疆至青海通道的畅通，使之成为内地通往新疆传统河西走廊通道以外的第二道路。同时和田管理局的扩大，也将成为改善和田地区民族人口比例失调的有效载体。

四是要“加强一线”，从阿勒泰到伊犁的北部边防线近年来分裂势力走私武器、潜出入境人员呈上升趋势，需加强已有 58 个边境团场以固边防。同时，应将这条边境团场形成的边防一线向西南延伸，在克孜勒苏州和喀什地区面向吉尔吉斯斯坦、阿富汗、巴基斯坦诸国的边境地区增设边境团场，以确保国防线的安全和当地经济的发展和社会的稳定。

值得庆幸的是，上述分析与建议已为党和国家相关决策部门所采纳，并已付诸行动。

有关云南禁毒工作的调研报告共有三篇，均由边疆中心李国强执笔，其中两篇是从云南边疆地区稳定与发展的大视野出发，对之后的毒品问题和云南境外毒源现状、云南毒品禁而不绝的原因进行了深入分析，并进一步提出：“堵源截流是解决中国毒品问题的关键”，“‘双向截流’渐成趋势”，所谓“堵源截流”是针对境外毒品向我境内单向流动，随着“我境内某些制毒原料和化学酊剂走私出境情况”的出现，“双向截流”渐成趋势也成必然。“尽管后一种情形较之前一种情形在程度、规模等方面尚有明显的不同，但它一旦流出国门，直接用于毒品的生产加工，更加大了我国禁毒工作的难度，绝不可掉以轻心”。为了深化对云南、广西禁毒工作的调研，1998 年和 2000 年边疆中心又走出国门，赴泰国北部的清迈、清莱、美赛、美斯乐、夜丰颂等地和越南的老街省，分别就泰国“改植工程”与云南“替代种植”的比较和越北毒品问题对我国云南、广西的影响进行了调研，并建议：“将云南的‘替代种植’纳入禁毒工作整体规划中，在实施农业‘替代种植’同时，将‘替代种植’视为系统工程”。并对毒品问题调研提出了下一阶段工作设想：

一是，对云南境外毒情进行追踪调研，尤其是我们尚未进行过调研的云南临沧地区，同时适时将调研工作扩大至广西中越边境地区。

二是，云南境外毒情调研的重点仍放在“金三角”的缅北和老北，特别是缅北的毒情调研，应早日启动。

（二）三次将边疆历史与现状有机结合的学术座谈会

1.“边疆史地研究与边疆现状座谈会”

边疆中心结合参加国家民委民族问题研究中心主持的“中国边疆民族地区稳定与发展主要问题与对策”课题的有利条件，加强与党政军警部门的工作联系，并于1990年5月在北京召开了“边疆史地研究与边疆现状座谈会”，来自中国社会科学院办公厅、国家民委、国家海洋局、军事科学院战略部、总参、总政相关部门、海军军事学术研究所，以及新华社国内部、国际广播电台等政府机关、军事部门和宣传部门的同志与会。会议就如下问题进行了讨论并形成共识：

一是，关于当代边疆地区的研究。现在我国边疆地区发生了翻天覆地的变化，但边疆地区仍存在着错综复杂的关系，稳定边疆地区仍然不可忽视。稳定边疆的必要性是因为：第一，改革开放后，西方对我国政治、经济、文化的渗透和冲击是不可避免的，边疆地区首当其冲，其中有积极的一面，也必会产生消极的影响。第二，社会领域的民主化和公开化给边疆地区造成宽松、和谐的环境，但与此同时，各种极端主义势力也会抬头。因此，必须把边疆现状搞清楚，才能处理好错综复杂的关系，否则，外国侵略势力就会乘虚而入，给边疆人民带来灾难，甚至丧失国土。

当代边疆问题研究的课题很多，主要包括：边疆与边界基础理论研究；边疆资源的开发和边疆的建设；当代边防工作重心要点；当代边界交涉研究；边疆地区民族关系和跨境民族问题；邻国社会、政治、民族概况等。

二是，关于当代边界和海洋国土研究。必须重视当代边界问题的研究，其理由：①将来有的邻国有可能从军事上和战略上考虑，重新对边界问题进行“论证”，挑起新的争端；②国际关系相对缓和，邻国致力于经济建设，边界地区呈现相对平静的状态，但是也应当估计到，未来有的邻国为摆脱无休止地掠夺自然资源而又无力报偿自然的困境，有可能挑起以争夺资源为目的的边界争端；③在国际生活中没有永远的朋友，也没有永远的敌人，因此，边界也不可能有绝对的稳定，已解决的边界问题也许又会产生新的问题；④目前边界地区，虽没有大的冲突，但小的冲突时有发生，这样也会燃起边界争端的火焰。因此，有必要从历史与现实结合上，对下列问题进行储备研究：①搜集、整理、分析有关我国与邻国边界地区的考察报告、档案，以及政府文件等资料；②厘清我国与邻国边务交涉或边界争端的由来和发展；③重点研究争议地区或有可能发生争议的边疆地区的历史，并提出解决或应对突发事件的对策；④总结新中国成立以来边界谈判的经验和教训；⑤有步骤地开展边界地区现状的综合考察。

研究海疆也迫在眉睫。中国领海蕴藏着极为丰富的石油及其他资源，为了民族的生存和发展，必须开发海疆，强化海洋意识，维护我国海洋利益。当前，必须抓紧对南沙群岛的研究，其中包括主权论证、资源考察和利用，以及对南沙群岛的管理等问题。

三是，关于历史研究与现状研究的关系。随着历史发展，人们的认识也在发展，观念不断更新，研究边疆现状必须掌握古代、近代边疆的历史。只有这样才能认识边疆现状的新内容和新特点，现状的研究才更有针对性。随着边疆历史研究的深入，人们日益认识到研究边疆历史与了解边疆现状密不可分，只有了解现状，才能更好发挥以史为鉴的史学功能。同时史学工作者也应直接从事现状调研，并进而开展相关的对策性研究。边疆现状的研究，还处在一个起步阶段。研究工作既要继承前人的研究成果，又要做新的开拓，使边疆史地研究适应时代的需求。与会代表希望中国边疆史地研究中心尽快总结前人的研究成果、经验和教训，为边疆现状的研究提供充分的科学依据，满足现实需要。来自军事部门的代表希望今后应加强联系，寻求合作，并表示以后应建立相对稳定并行之有效的联系网络。

这次座谈会是将传统的中国边疆史地研究与当代中国边疆调研有机联系的一次探索性尝试，会议上形成的共识对于边疆中心开展当代中国边疆调研的课题设计是大有裨益的。

2.“新疆周边问题及对策研究”研讨会

1993 年 6 月边疆中心在乌鲁木齐主持召开了“新疆周边问题及对策研究”研讨会，来自中国国际友好联络会及其新疆、兰州、成都、广州分会，以及新疆大学、新疆社会科学院、武警新疆总队和中国社会科学院的 30 余位代表与会，研讨会收到论文和资料 12 篇，内容涉及新疆与中亚诸国边界争议的问题，新疆部队与边疆社会的稳定发展，新疆军警民关系与边疆稳定，新疆沿边开放战略问题，新疆泛伊斯兰与泛突厥主义问题，新疆宗教现状、境外分裂主义组织活动现状等方面。

3. “云南边疆地区稳定与发展现状及其对策”研讨会

1995 年 3 月，边疆中心在昆明组织召开了“云南边疆地区稳定与发展现状及其对策”研讨会。来自云南大学、云南省药物依赖研究所、中国国际友好联络会及昆明联络处，以及中国社会科学院边疆中心、历史所、科研局等单位的专家 30 余人与会。研讨会收到学术论文 16 篇、学术专著 7 部、资料 3 种。研讨会就历史上封建王朝对云南边疆的治理、云南稳定与发展、禁毒斗争历史与现状进行了深入研讨。与会代表一致认为，毒品问题是影响云南社会稳定的重大问题，十年禁毒斗争成绩巨大，但“金三角”的毒源堵不住，毒品禁而不绝，禁毒斗争是一项庞大的社会系统工程，是一项需要进行全民动员的长期斗争任务。

（三）“当代中国边疆治理研究”座谈会持续召开

1996 年，边疆中心结合“当代中国边疆系列调查研究”课题的展开，与中国社会科学院办公厅联合在北京主办了“当代中国边疆治理研究”座谈会。自 1996 年始，至2005年共举办了九次。[①]

回顾九次座谈会，有如下特色：

一是，每次座谈会紧密结合当年边疆形势的实际，且将现状调研有意识地置于历史大视野之中，将历史与现状有机结合，边内与边外有机结合，不仅博得与会者好评，同时也符合中国边疆研究深化的学术规律，有利于推动中国边疆学学科建设。

二是，每次座谈会虽规模不大，但与会者层次很高，既有中国社科院和高校、研究机构的专家学者，也有来自政府、军队相关部门的一线工作人员，座谈会为研究者与管理者、研究部门与决策部门间搭建了一个交流、合作的有效平台。

三是，座谈会主办方对于座谈会主题的把握日渐清晰，从1996年第一次座谈会名称定为“当代中国边疆问题”，到1997年第二次座谈会名称定为“当代中国边疆稳定与发展战略问题”，直到2002年第七次座谈会将会

---

① 根据我个人的工作日志记录，九次座谈会举行的时间是：1996年1月31日、1997年1月31日、1998年3月20日、1999年3月24日、2000年2月26日、2001年3月23日、2002年5月16日、2003年4月15日、2005年4月22日。

议名称确定为“当代中国边疆治理研究”，并一直延续至 2005 年第九次座谈会，从中反映了经过近 10 年的科研实践，当代中国边疆调研的学术的、社会的目标是为当代中国边疆治理这样一个大命题提供资料的积累和研究的论证。

20 世纪 80 年代以来，在当代中国边疆研究学人群体的共同努力下，第三次中国边疆研究高潮出现的标志是研究中实现了两个突破：一是突破了以往仅仅研究近代边界问题的狭窄范围，开始形成以古代中国疆域史、中国近代边界沿革史和中国边疆研究史三大研究系列为重点的研究格局，促成中国边疆史研究的大发展；二是突破了史地研究的范围，将中国边疆历史与现状相结合，形成贴近现实、选题深化、成果众多的特色，至今这次研究高潮仍显示出可持续发展的强劲势头，并为构筑中国边疆学搭建了绝好的学术平台。

题之五，探研当代中国边疆治理战略是时代的要求

一、中国边疆的特殊战略地位

当代中国边疆地区的战略地位可以从两方面来认识：一方面，我们要从历史发展的高度来看中国边疆地区的战略地位。当代中国人继承了先辈留给我们的两项举世瞩目、无与伦比的历史遗产。一是幅员辽阔的统一多民族国家；二是人口众多、多元一体的中华民族，这是中国不同于世界上任何一个国家的特殊国情。简要地说，就是统一多民族的中国和多元一体的中华民族。这两大历史遗产既是有形的，又是无形的，既是物质的，又是精神的。

统一多民族的中国，是经过一个漫长而曲折的发展过程后大致定型的。自先秦时期起，在现代中国领土范围内开始形成一个核心区域，这个区域大致在黄河中下游至长

江中下游一带。在这个中心区域建立政权的既有华夏，也有夷狄；既有汉族，也有少数民族。在国家的发展进程中，边疆地区是其有机组成部分，全国范围的发展状况决定了边疆地区的发展水平，边疆地区的发展状况对全国范围的发展也产生重要影响。

多元一体的中华民族，既是一个民族共同体概念，又是一个国族概念。“多元”指统一多民族国家形成过程中各民族所具有的“个性”和“特质”，即各民族在语言、地域、经济、文化心理等方面所具有的多样性和表现形式上的特殊性；“一体”指各民族在共同发展过程中相互融合、相互同化所形成的民族共同体的共同特征和“一体化”趋势。这种由多元到一体的特点在中华民族形成过程中自始至终都存在着：首先是分布于黄河流域的多个部落互相融合形成华夏族；然后是北狄、东夷、西戎、南蛮等多种族群融入华夏族，形成汉族；汉族出现后对周围众多的民族产生强大的吸引力，成为中华民族的凝聚核心，各民族在政治、经济、文化等多方面密切联系、不断融合，形成你中有我、我中有你、谁也离不开谁的一个整体，最终形成中华民族。中华民族有两个值得重视的特点：一是多元中的本土特点。中华民族尽管是由众多民族经过数千年的不断融合而形成，但这些民族无论是历史上已消失的民族，还是现实生活中存在的民族，都是在中国这块辽阔的土地上土生土长的民族，即使有些少数民族的祖先具有外人的血统，也是在中国境内与其他民族的融合中形成的。二是凝聚力强。历史上中华各民族之间虽然有冲突和战争，但交流和融合是主流，各民族在共同生活、共同斗争中形成一个整体，在抵御外侮尤其是近代帝国主义列强侵略和瓜分时，中华民族的凝聚力不断升华并空前释放出来。

两大历史遗产是中国与中华民族生生不息的强大原动力，是物质与精神的有机结合、互补互促。既是物质的，又是精神的，这两大历史遗产有一个共同的关键点，那就是边疆地区。所以从这个意义上来说，中国的边疆在中国历史发展的全过程中，具有特殊的战略地位。中国这个统一的多民族国家，如果没有中国边疆这个因素的话，这个统一多民族国家就不成为一个统一多民族国家；如果没有中国边疆地区存在的话，那么生活在这个地区的，我们中华民族的各民族可能也进入不了统一多民族的范围里。这是从历史发展的角度来看中国边疆地区的战略地位。

从现实的角度来看中国边疆地区的战略地位，可以从这三个角度来看：

第一，边疆地区仍然是中国国防的前线。尽管现在发展到高科技的信息战等，战争的形态也相应发生变化，但是中国的边疆地区仍然具有国防前线这个特殊的功能，是保卫中国安全的第一线。

第二，边疆地区是改革开放的前沿，是中国走向世界的前沿舞台，也是展示中国实力的前沿舞台。

第三，边疆地区是当代中国可持续发展的一个重要组成部分。不妨设想，如果边疆地区长期落后、长期滞后，何谈中国的全面发展？如果边疆地区不发展，怎么能够使中国进入小康社会？加之，陆疆地区地大物博、资源丰富，有取之不尽的宝藏，而按照《联合国海洋法公约》的有关规定，我国可以主张的管辖海域面积达 300 多万平方公里，接近陆地领土面积的三分之一。我国还有近 40 万平方公里的领海，70 万平方公里的油气资源沉积盆地，约 400 亿吨的海洋石油资源量，约 14 亿立方米的天然气储量，太平洋海底还有我们向联合国申请到的 7.5 万平方公里锰结核开发区。1978 年时，我国海洋经济只有三个传统的产业：渔业、交通、晒盐，现在，从产业结构的角度，从原来的三个产业发展到七八个主要产业，例如新兴的石油、滨海旅游、造船等，都呈现出良好的发展势头。所以，边疆地区的发展关系着中国可持续发展的全局。

二、古代中国边疆治理研究的当代启示

中国历史上无论哪一朝哪一代，都面临着边疆问题，统治者也都为巩固统治而制定边疆政策，经略边疆，实施边疆治理。边疆经略是历代王朝对边疆地区的开拓与经营，边疆政策是实施边疆治理的指导方针与具体措施，而治边思想是制定边疆政策的重要前提之一。边疆政策的正确与否，治边思想能否符合时代潮流，边疆治理的成败得失，不仅直接影响一个朝代的兴衰存亡，而且对于作为整体的统一多民族中国的形成、发展也产生重大影响。可以这样认为，边疆政策研究的深化是边疆治理研究深化的切入点和突破口。

（一）研究边疆政策的重要性

在历史演进中，统一多民族国家和多元一体的中华民族是相互依存、相互促进、同步发展的。统一多民族的中国与多元一体中华民族的同步发展，成为世界发展史上的一道独特风景线。而促使这种同步发展成为可能、成为现

实的一个重要原因，就是极富中国特色的边疆政策的实施。边疆政策的基本任务是守住一条线（边界线）、管好一片地（边疆地区），实际上包含着物与人两个要素。可以说，边疆治理是一项针对人和物综合治理的社会系统工程。在统一多民族的中国，边疆地区是少数民族繁衍生息的主要地区。因此，边疆政策的最重要内容之一即是处理民族关系，唯有调动边疆地区民族上层的积极性和为广大民族群众打造一个稳定、发展的社会环境，才能推进统一多民族中国和多元一体中华民族的良性发展。

边疆政策命题的提出，是在20世纪30年代，高长柱在《筹边政策与边疆现状》[①]中充分肯定了清代的治边政策。40年代吴其昌先后发表了《两汉边政之借鉴》[②]、《魏晋六朝边政之借鉴》[③]、《隋唐边政之借鉴》[④]等论文，均系吴氏《历代边政借鉴》一书的部分章节，惜此书未及完稿，

---

① 《西陲宣化使公署月刊》第1卷第7、8期合刊。

② 《边政公论》第1卷第5~8期，1942年。

③ 《边政公论》第1卷第11~12期，1942年，第2卷第3~5期，1943年。

④ 《边政公论》第1卷第3卷第5、8期，1944年，第4卷第2~3期，1945年。

作者谢世。此时，顾颉刚在《中国边疆问题及其对策》[①] 中对中国历代治边政策作了概括，认为自古及今治边政策可分为两类，“第一类是放任政策，一切听其自然的演变”，“第二类是分化的统治政策”。关于第一类又可分为三种形式，“第一种是王道的”，“第二种是舍弃边疆，那里出了乱子就把那里放弃”，“第三种自然的同化，这是没有成见的感化”。对此作者评曰：以上三种形式中，放弃边疆是不对的，无办法的感化也是一种玄想，只有不论血统的自然混合法，却使中国永远生存、永远扩大，是很值得称赞的。关于第二类，文章以清政府的统治政策为剖析对象，指出：一是“用文化政策牢笼汉人”，二是“用愚禁政策羁縻蒙藏”，三是“用残杀政策削弱回人”。当时的中国学术界曾经有一个研究命题叫做边政学。边政学实际讲的是边疆政治、边疆治理。从 20 世纪 30 年代到 40 年代，边政学曾经一度很活跃。边政学的活跃确实有当时民族危机因素的刺激。当时中国正面临着日本的侵略，一些有爱国心的学者们，试图通过对边疆问题的研究，来唤醒国人的民族危机感。当然从另一个意义上来说，这个研究领域本身就是

---

① 《西北通讯》1947 年第 3、4 期。

一个现实感很强的学科，所以在当时自然具有为国民党统治服务的功能，对此我们也不用讳言。而且当时专门研究边政的学者大多数都带有当时政府的烙印。所以，中华人民共和国成立以后，就把这门边政学、边政研究看成是旧社会的残渣余孽，统统给抛到一边。这些研究者因为有旧社会的背景，有旧政权的印记，统统地靠边去了，边政学被作为旧政权的一门学科给否定了。现在回过头来看，边政学实际上就是我们现在的边疆研究发展的一个前奏。从20 世纪 50 年代一直到 80 年代，这门学科仍然没被重视，没有把整个中国边疆问题作为一个研究课题来进行宏观的、战略的思考，而是仅仅把跟边疆有关的民族史的研究、民族问题的研究、帝国主义侵华史研究有所发展，而且发展得很快。所以在这样的大背景下，从 50 年代到 80 年代，我们现在去找当时的学术论文的索引，找不到一篇是研究边疆政策的文章，仅有研究民族政策的文章，也有研究历史上的宗教政策的文章，这是一个很大的局限。历史上的民族政策研究当然重要，而且也是研究历史上边疆问题的一个重要方面，但历史上的民族政策研究不能替代历史上的边疆政策研究，边疆政策的内涵比民族政策要宽泛得多。20 世纪 80 年代以后，我们才开始把本来是一个完整研究课题的中国边疆放到一个研究的位置上，只有这个时候我们才有可能提出对历史上的中国边疆政策进行研究。历史上中国边疆政策，实际上是作为统一多民族国家的一个特有产物，如果没有我们统一多民族国家从历史到现在的沿袭、传承，我们历史上边疆政策研究也就没有了基础。

20 世纪 80 年代以来，中国古代边疆政策渐成研究热点，究其原因，一是研究基础雄厚、史料丰富；二是中国历代王朝边疆政策的成败直接关系到边疆的靖患和王朝的盛衰，研究中国历代边疆政策极富现实意义。正确的、合乎国情的边疆政策是中国疆域得以稳固的重要条件，历史上如此，今天也是如此，这已成为研究者普遍的共识。

（二）集中国古代边疆政策之大成的清朝边疆政策

满洲贵族，以少数民族入主中原，并建立起空前大一统帝国，历时 260 余年，清朝统治者的治边思想既有继承中国历代封建王朝治边思想大成的一面，又有根据时代需要和自身民族特点创新发展的一面，颇具特色，且自成体系。

1. 清朝的治边思想

清朝统治者治边思想基本内容的主要方面，以下三方面是不容忽视的。

第一，对汉族封建统治者传统的“华夷”观进行创新和发展。在儒家典籍中，往往强调华夷有别。孔子曰：“夷狄之有君，不如诸夏之无也。”[①] 其意思是说，诸夏无君都比夷狄有君强。至于“内其国而外诸夏，内诸夏而外夷狄”[②]，更是中原地区汉族封建统治者所极力强调的。这种华夷有别的思想，对汉族封建统治者产生很大影响，往往成为他们治国方略的重要依据。但是，华夷有别的思想并不是绝对的，即使在儒家学说中，也还有强调华夷相通、以华变夷的思想。孔子作《春秋》，主张“诸侯用夷礼，则夷之；进于中国，则中国之”[③]。在中国历史上，大一统王朝往往在政治上反对严华夷之别。清朝是满洲贵族建立的封建王朝，清朝统治者就反对严华夷之别。雍正皇帝曾说：“不知本朝之为满洲，犹中国之有籍贯。舜为东夷之人，文

---

① 《论语·八佾》。

② 《春秋公羊传》成公十五年。

③ 韩愈：《原道》。

王为西夷之人，曾可损于圣德乎？”[①] 乾隆皇帝在对大臣的奏疏批示中也表示：“蒙古、汉人，同属臣民，如有书写之处，应称蒙古、内地”，“今乌灵阿奏折，犹以夷汉二字分别名色，可见伊等全未留心”，“若再行传谕沿边各督抚知之，如有仍旧书写之处，朕必加以处分”[②]。清朝统治者创新之处，一是要求各民族承认满洲贵族建立的清王朝为正统，二是为了实现以人口数量处于明显劣势的满洲统治者能控制内地人口数量处于优势的广大汉族，清朝统治者在调整满汉关系的同时，十分重视联合汉族以外的少数民族上层，首先是蒙古上层贵族，把边疆政策的制定，并在推行中不断完善，作为基本国策的一部分。这在实践上，对维护多民族国家的统一，推进大一统有积极意义。

第二，从“中外一体”（指内地与边疆为一整体）的认识出发，主张以积极态度治理边疆各民族，使其起到“屏藩”、“拱卫”作用。对此，雍正皇帝有很好的阐述：“夫我朝既仰承天命，为中外臣民之主，则所以蒙绥服爱育者，

---

① 《大义觉迷录》卷 1,《清史资料》第四辑，中华书局 1983 年版。

② 《清高宗实录》卷 354，乾隆十四年十二月戊寅。

何得以华夷而有殊视！而中外臣民既共奉我朝以为君，则所以归诚效顺，尽臣民之道者，尤不得以夷华而有异心。”他还说：“自我朝入主中土，君临天下，并蒙古极边诸部落俱归版图，是中国之疆土开拓广远，乃中国臣民之大幸，何得尚有华夷中外之分论哉！”①

第三，坚持“恩威并施”与“因俗而治”相结合的治理原则。前者为我国历代封建王朝惯用的统治方针，清朝统治者亦奉行不替；后者在唐朝推行的羁縻政策中虽已初见端倪，但清朝突出强调“修其教不易其俗，齐其政不易其宜”，使“因俗而治”方针在清代特别是在清代前期取得了较好的统治效果。如清代学者李兆洛指出，清朝政府奉行“因俗而治”的方针，这不是对传统的简单继承，而是从大一统国家总体安全目的出发有所改变和发展。雍正年间在西南地区大力推行“改土归流”即是明显例证。康熙末年，西南边疆地区土司、土官拥兵割据、横行不法的现象日趋严重，严重阻碍清朝多民族国家的统一。此时清朝并未因袭传统而保留其原存土司制度，而是逐步进行“改

① 《大义觉迷录》卷1，《清史资料》第四辑，中华书局1983年版，第3、5页。

土归流”，特别是在雍正初年，雍正皇帝在云南、贵州、四川、广西、湖南地区大力推行“改土归流”措施。清政府在推行这一措施进程中，虽然在平定土司叛乱的军事行动中给各族人民带来了灾难，但从历史的长远观点看，“改土归流”有利于多民族国家的统一和稳定。

清政府边疆管理的各项制度与措施是清代统治者治边思想、方针的具体化，涉及行政、军事、民族、宗教等诸多方面，完备而周密。在实际运作中，是以行政管辖体制的改进完善为中心环节，与其他措施相辅相成，把提高边疆各少数民族的向心力，加强有效行政管理，维护国家疆土有机结合起来。其突出成效是把边疆与内地的整体联系推进到一个新阶段，从疆域大一统进入政治大一统，并在边疆民族地区形成持续稳定、统一的政治局面。

2. 清朝的边疆管理举措

清朝政府对于边疆管理的举措，内容要点如下：

第一，行政管理体制的改进和完善。在中央，设立理藩院，与六部平行，主管边疆民族事务，在清代前期理藩院还兼管中外交涉事宜，为使管理规范化，制定并不断修订补充《理藩院则例》、《回疆则例》等法规，通令实施。在地方，在加强中央集权、保证政令统一的前提下，因地制宜、因俗而治，采用适合当地民族社会的统治体制，而不强求划一。如东北三省为将军制下的州县、八旗并存制；内外蒙古为盟旗制；新疆为将军辖下的伯克、州县、札萨克制；西藏为以达赖和驻藏大臣协同管理的噶厦政府制；西南地区在“改土归流”时酌情保留土司制；台湾为隶属福建的府州县制，等等。

第二，制定笼络安抚少数民族上层的各项政策，如封爵、给俸、年班朝觐、联姻等。笼络安抚首重蒙古是清政府的基本国策，并取得了有利于清政府统治的政治效果。

第三，从治国需要出发，决定对待各种宗教的方针政策。对于维护自身统治有益的宗教，大力加以扶植；对于那些于政权稳固不至于造成直接威胁的宗教，采取不干涉其信仰的相对宽容的政策；对于凡是认为于巩固统治或保持疆土不利的宗教或教派，则予以取缔、严厉打击。在具体做法上，坚持宗教不能干预皇权，限制宗教的世俗权力；坚持以法治教，同样实施众建以分其势的方针，等等。

总之，从明清之际我国社会状况和历史发展总趋势看，清代前期的边疆政策基本上符合历史发展要求，有利于统一多民族国家发展大势。因而在客观上显示出它的积极作用。当然，清政府作为封建政权，其边疆政策本质是从维护以满洲贵族为首的封建国家以及各民族上层的根本利益出发的，具有鲜明的阶级性和历史的局限性。随着清政府的日益腐败，边疆的各种社会矛盾也日益加深。当英国用鸦片和大炮敲击中国大门时，清政府的边疆政策仍是墨守成规，它的破产的结局便不可避免了。

3. 清代边疆政策的特点

中国古代边疆政策自秦汉时期初具规模后，经隋、唐、元、明、清统一王朝的充实、完善，到清朝形成完整体系。清代边疆政策可谓集中国封建王朝边疆政策之大成，具有如下四个特点。

第一，历史的继承性

中国封建时期的边疆政策，既有明确的政策目标和各项具体措施，又有实施政策的组织保证——从中央到地方完善的行政机制。清代的边疆政策在继承中又有创新。我们从历史上的羁縻政策、和亲政策中可以找到清代军府制、盟旗制、满蒙联姻等政策措施产生、发展的历史轨迹，我们还可发现康熙大帝富有创造性的雄才大略，他一改历代固守长城、消极北防的策略。

第二，地域的广阔性

清代前期，经康熙、雍正、乾隆三朝的经营，其有效管辖范围，除18行省（兼有台湾）外，还包括奉天、吉林、黑龙江、内蒙古六盟、喀尔喀蒙古各部、唐努乌梁海、新疆和西藏，成为一个幅员广阔、疆界明确的统一多民族大帝国。因此，清代的边疆地区包括了今天的黑龙江、吉林、辽宁、内蒙古、甘肃、新疆、西藏、云南、广西等省区，还有今天的蒙古国；至于沿海诸省，以及台湾、海南（包括南海诸岛）则无论古今都是中国边疆地区的重要组成部分。这些地区无论在历史发展、社会经济、民族民俗等方面均各具特色，清朝政府的统治政策的具体内容也因地而异。

第三，内涵的多样性

地域的广阔性，决定了清代边疆政策内涵的多样性。清代的边疆政策包括了自成一体的海疆政策和陆疆政策。清代前期海疆政策中，对沿海地区的治理和对台湾、海南的治理，又各不相同。陆疆政策则涉及从东北到西南的广大地域，东北的军府制与新疆的军府制内容并不相同，而在西藏和西南地区，则又根据当地政治、历史、民族的特点，分别实施驻藏大臣制和通过“改土归流”来加强中央政府对西南诸省的统治。

第四，影响的现实性

清朝是中国历史上最后一个封建王朝，清前期的赫赫国威和清后期的屈辱挨打，对于清代疆域的形成与变化，均有直接影响。而当今我们的疆域的基本格局，基本因袭了清代，鸦片战争后，清朝政府在帝国主义列强侵略下，丧土失地，为今天的边界纠纷留下祸根。要解决当代的边界纠纷，必须弄清清代前期疆域的形成和近代以来疆域的变化，以及清政府边疆政策失误之所在。因此，认真研究清代边疆政策的成败得失，对于维护国家统一、民族团结、边疆安定都具有实际的借鉴作用。

（三）清代边疆政策研究的当代启示

以史为鉴，经世致用，是中国史学的优良传统。研究历史必须面对现实。研究中国边疆史，以及边疆史中很重要的内容——边疆治理和治边政策时，同样要面对现实，当前中国边疆面临的现实是什么呢？简言之，一是发展面临良好的机遇，二是稳定面临严峻的挑战，从此意义上，以下六点启示值得思考。

启示之一，“宁失千军、不失寸土”古训的现实意义

中国作为统一多民族国家，边疆是国家不可分割的一部分，边疆的发展关系到国家发展的大局；边疆的稳定，关系到国家的稳定大局。内地和边疆，对于统一多民族国家来说具有同样重要的地位，“宁失千军，不失寸土”这个古训至今仍有现实意义，从边疆的特殊战略地位来看，在国家的总体治理中，对边疆地区应给予更多的重视，更多的政策倾斜。习近平总书记提出“治国必治边”的战略含义即在于此。

启示之二，处理好发展与稳定的辩证关系

广义的边疆治理，包含管理和开发两个方面，开发即是经济发展、文化繁荣，这是保证边疆社会稳定的基础。中国历代有作为的中央政府，如汉、唐、清在治理边疆时均注意到这一点，并取得了成效。但封建王朝毕竟有极大的历史的、阶级的局限，如清政府在边疆地区重“稳定”、轻发展，出于阶级私利有意识保护落后，以利统治，致使边疆地区长期处于落后状态，这也是历史事实。邓小平同志曾说过：发展是硬道理。他还说：稳定压倒一切。这两句话当然是指全国而言，但是用在边疆地区更有针对性。所以为了边疆地区的稳定，必须使边疆地区有较快的发展。

启示之三，中央政府的权威是维系统一多民族国家的重要因素

中国独特的历史传统之一，中央政府的权威是维系统一多民族国家的重要因素，甚至可以说是最重要的因素之一。边疆治理要依靠实力，或者说是综合国力，实力既包括有形的军事力量，也不可轻视无形的中央政府的权威。中央权威包含两层含义：有形的，就是政权的统治系统，无形的，就是权威本身的文化、思想的号召力、凝聚力，唐太宗被各族共推为“天可汗”可视为一例。从中国历史上看，边疆地区发生动乱，往往是在中央政府的统治能力下降之时。中央政府权威很高，统治就有效，边疆地区即使有乱，也难成气候，影响不了全局。历史经验告诉我们，要维护边疆地区的稳定，必须要维护中央的权威，必须要强化中央对边疆的管控力。

启示之四，边疆政策的经验和教训应认真总结

历代边疆政策的治理形式，如中央集权，因俗而治，等等，都有可供借鉴的成分，值得后人在创新的基础上予以认真总结和发扬。如历代民族政策中的因俗而治，就是尊重民族的传统、特点，不轻易予以改变，民族的事情让民族的头面人物来办，这些在历史上已被证明是行之有效的，当然也要认真总结“因俗”过度的教训。因此，对历代边疆政策的内涵与外延，要认真总结，要不断创新。

启示之五，要增强民族凝聚力、国家向心力

国家利益高于一切，要在增强民族凝聚力、国家向心力上多做些事。边疆民族地区，特别是一些与内地文化有较大差异的边疆地区，存在着自身特征，简言之：一是地缘政治上的孤悬外逸；二是社会历史上的离合漂动；三是现实发展上的积滞成疾；四是文化心理上的多重取向。这些特征的存在，对于民族凝聚力和国家向心力的提升而言，具有消极影响，这是不争的事实。历史上如此，现实生活中也不例外。面对此，应突出统一多民族国家这个主题，千秋历史铸成的民族向心力、凝聚力是统一国家的基石。要让国家利益高于一切的意识深入人心，成为各民族人民的行动准则。

启示之六，边吏是否善政关系到边政是否得当

边吏是否善政关系到边政是否得当。边疆地区远离统治权力中心，且情况复杂，边吏素质更应优于内地，无数历史事例告诉人们，应变过度会使事态人为扩大，而应变过缓消极，只想息事宁人，往往适得其反。边疆的事情，有的时候瞬息万变，牵一发动全身，对于边疆大吏，中央

应授以更多的便宜之权，该决断时要给他们以决断权，清朝历史上这样的例子很多，今天我们依法治疆，但执法者仍然是人，首先是边疆地区的各级官员。

总之，对于中国古代治边政策这样一个在一定程度上牵动历史发展全局的重大问题，进行微观与宏观相结合的研究是必不可少的。历史的局部、细部考察得愈清晰、愈准确，对于由局部、细部构成的历史大厦的整体认识，才愈有可靠的依据。但是，我们不应该满足于史学的微观研究，还必须对中国古代治边政策进行宏观的考察。我们应该从宏观上，亦即相对地从整体的意义上，去考察历史进程的内在联系，以便寻觅出寓于历史事实中、隐于历史现象背后的更深一层的历史本质，唯有如此，方能揭示出与古代治边政策发展的内在规律及其在促进统一多民族国家的形成和发展中的历史作用。

三、当代中国边疆治理大战略研思

（一）研究需要深化

面对当前中国边疆的新问题、新挑战，边疆政策研究面临深化与拓展的重任。当代中国边疆治理和治边政策研究应给予更多的关注。

每一个认真的治学者深知，资料是研究得以深入的基础，而研究视野的拓展、研究内容的深化则是研究能否创新的保证。

我以为如下五端应予重视：

一是，拓展研究视野

20 世纪 80 年代以来，研究者突破了研究历代民族政策的局限，开启了历代边疆政策研究的新视野，取得了骄人成绩。随着历代边疆政策研究的深化，学人逐渐认识到，基于边疆政策研究更多的是从历史学科的视野出发，有对清代边疆政策实践的概况、客观效果的总结，考据论证较多，将边疆政策研究拓展为边疆治理研究，已成为学人的共识。

清朝的边疆政策是指清廷为实现自己治疆目标，以权威的形式规定在一定历史时期应达到的目标、遵循的原则、实施的步骤和具体措施。而边疆治理的内涵显然要宽泛于边疆政策。所谓边疆治理，即是运用国家权力，动员社会各类组织，调动国家和社会的资源，实现对边疆地区的人和地的全方位管辖和治理。边疆治理是一个运用国家权力并动员社会力量解决边疆问题的过程。[①]

方盛举主编的《当代中国陆地边疆治理》第二章“中国陆地边疆治理”对上述见解做了有益补充[②]。

边疆治理是以政府为核心的多元主体为实现边疆的安全、稳定和发展，依法对边疆区域内公共事务进行管理和处置的活动及其过程。因此，一是必须正确理解边疆治理主体是多元的，但政府始终扮演着核心作用；二是必须正确理解边疆治理的客体是边疆地区客观存在的国家事务和社会公共事务；三是必须正确理解边疆治理的目标是追求边疆地区的安全、稳定和发展；四是必须正确理解边疆治理的根本方式是依法治疆，我国的边疆治理必须自觉地把法治作为边疆治理的根本方式。只有更加自觉地用法治意识、法治方式来解决边疆公共问题，管理边疆公共事务，调节边疆社会关系，才能把失衡的社会心理抚平，把失范的社会行为规范，把尖锐的社会矛盾化解，把艰巨的社会问题解决，把复杂的社会关系理顺，把混乱的社会秩序

---

① 参阅周平：《我国的边疆治理研究》，《学术探索》，2008 年第 2 期。

② 参阅方盛举：《当代中国陆地边疆治理》，中央编译出版社 2017 年版。

安定。

当研究者有了上述的认识、视野，边疆政策等研究将跃上一个新的台阶，边疆治理研究将大大深化。

二是，深化传统研究内容

20 世纪 80 年代以来，中国学者对中国古代边疆政策研究主要围绕着以下三个方面展开，即：历代王朝对边疆地区的经营与管辖、历代王朝边疆管理机构、近代中国的边疆管理。既有宏观综观，也有微观深研，呈现百花齐放的大好态势，取得了可喜成绩，但诸如朝贡体制，藩属制度，不同历史时期、不同边疆地区的治边举措及其影响，封建割据时期不同政权间的应对政策，中国传统边疆观、治边观等，仍有深化研究的空间；从宏观上总结从秦到中华民国边疆治理实践的经验、教训和当代启示尚待研究者上下求索；边疆治理运作机制的宏观与微观、纵向与横向研究也尚未引起研究者更多关注。

三是，打通古今，必须重视当代中国边疆治理研究

长期以来由于资料收集困难，研究禁区林立，研究者往往却步于当代中国边疆研究，其中包括当代中国边疆治理、边疆政策，以及当代边疆观、治边观研究。随着中国边疆研究的深入，依托历史、面向当代、研究边疆已成大势，因此，打通古今中国治边政策研究应成为研究者的共识，并努力实践。当代中国治边政策因以往研究基础相对薄弱，加之复杂的现实不断向研究者提出新问题，以下一些内容应成为研究的首选之题：古代（王朝国家）边疆治理与近代（民族国家）边疆治理的异同，当代边疆治理中的发展与稳定，开发与生态环境保护，边疆多元文化的冲突与协调，民族认同与国家认同，边疆地区社会管理，地缘政治与边疆地区的涉外关系，边防与边境管理，边疆治理与边吏素质，等等，尤其是面对百年未遇大变局的当代，中国边疆战略研究更应为研究者所关注。

四是，中外边疆治理研究的比较研究

纵观世界各国的疆域，具有可称之为边疆地区的国家，除中国外，唯有俄罗斯和美国，因此，将上述三国从历史到现实的边疆治理、治边政策进行比较研究很有必要，而比较研究的前提是将从俄罗斯帝国到苏联时期对西伯利亚和中亚地区的开拓与开发，美国对西部边疆的开拓与开发进行扎实的个案研究。概括国外边疆治理的基本模式，总结国外边疆治理的经验和教训，才有可能将中国治边政策、边疆治理放到国际比较的视野中进行更深入的研究。同时，还应着力进行自新航路开辟至今西方边疆理论的研究，以期揭示西方边疆理论的发展脉络和演变进程，并对 500 余年间的主要观点进行重点探讨。

五是，研究方法的多元化，是研究创新的必要手段

长期以来中国治边政策研究属于历史研究范畴，因此，研究者大都是史学工作者，随着研究的深入，面对复杂多变的边疆现状，仅仅依靠史学研究方法显然是远远不够的。因此，引入政治学、社会学、民族学、人类学等学科的理论和方法进行边疆研究已成大势，唯此才能制定打通古今的中国边疆政策，开展中外比较的全方位、多层面研究，并将研究推向新的高度和深度。这种研究方法的发展趋势，印证了从中国边疆研究演进到构筑中国边疆学进程的客观需要。

（二）边疆治理战略的构建

1. 要重视中长期治疆战略的思考

中国边疆治理的基本任务是守住一条线（边界线），管好一片地（边疆地区）。当代中国边疆地区按地域分，有东北边疆（黑龙江、吉林、辽宁三省）、北部边疆（内蒙古自治区）、西北边疆（甘肃省、新疆维吾尔自治区）、西藏（西藏自治区）、西南边疆（云南省、广西壮族自治区），还有海疆（除渤海属中国内海外，还有黄海海疆、东海海疆、南海海疆）。每一个边疆地区既有统一多民族中国与多元一体中华民族前提下的共性，也各具历史的、现实的特点。边疆治理的内容十分丰富，主要内容：边疆管理的行政体制，中央与边疆地方的管理机构设置与运作机制，边防（国防），周边外交，民族政策，文化政策，宗教事务管理，经济发展战略，等等。在边疆治理战略构建时，要注重全局性和预测性；要不唯书，只唯实，要敢于突破传统，直面鲜活的现实；要放眼中长期的治疆战略思考，也就是说，既要有符合边疆地区实际的近期治理之策，也要有中长期治理的远略，所谓中长期，至少定位于10年、20年，甚至更长一些时间。

近年来国内学者提出“战略战”的概念，强调“善战者胜于未战”，这对于研究边疆治理战略值得予以重视。“战略战”基本内涵可以归纳为[①]：

一是，“战略战”就是用战略思维方式，应对、抑制、反击对手的战略。可包含战之前战、战之先战、战之心战、

---

① 参阅陈劲松等：《善战者胜于未战——与王运林一席谈》，《光明日报》2011年9月2日，第13版。

战之谋战各个层面的战略思考。

二是，“战略战”思维是当代军事家、战略家、政治家必须面对的一种战略军事思想。当今时代，大国之间博弈更多体现为思想交锋、文化交锋、战略交锋、心理交锋、法律交锋。当战略思维急剧裂变，上升到思维对决层面，战略战应运而生。

三是，战略战的根本是政治战，战略战拼打的是意识、文化、思维。政治战涉及国家的根本，会打、善打“政治战”是政治家、战略家的政治智慧与政治才能的集中体现。

四是，战略具有很强的隐蔽性和迷惑性，是真正的“兵不血刃”，是不见硝烟的战场。战略战的展开，一要注重科学决策，二要善于预测，三要精于战略联合，四要精确实施。

五是，国家利益是实施战略战的基础。国家利益最重要的是生存，即国家要保证主权独立、领土完整、基本社会制度和准则不受损害。

上述认识值得我们重视与借鉴。

2. 要重视治理边疆历史经验的总结

中国历代边疆政策研究是中国边疆治理史的最重要内容之一，有关中国边疆政策，特别是中国古代边疆政策的经验与局限已有研究共识，大体可作如下归纳：

一是，传统的“大一统”政治理念始终是治边的主题，军事布防是实边的保障，边疆开发为边疆治理提供了坚实物质基础，中华文化的凝聚力是治边牢固的精神纽带，正确的治边战略和策略是边疆政策能否成功的关键。

二是，华夷之防、唯稳而治、重内轻边、重谋轻法是古代中国边疆政策时代的和阶级的局限。

历史研究要面对现实和未来，这既是中国史学研究的优良传统，也是当今时代的要求。

3. 要坚持实事求是的思想路线

中国边疆地域辽阔、文化多元，制定和实施边疆治理的方针、政策必须坚持实事求是的思想路线。要因地制宜，一切从中国国情和边疆实际情况出发，决不能搞一刀切。

从文化政治的角度观察，边疆地区，特别在一些与中原地区文化有较大差异的边疆地区，实际上存在着以下四个特征：一是，地缘政治方面带有孤悬外逸的特征；二是，社会历史方面带有离合漂动的特征；三是，现实发展方面带有积滞成疾的特征；四是文化心理方面带有多重取向的特征。这些特征的存在，对国家向心力、民族凝聚力均具有消极影响。我们在治理新疆、西藏等边疆地区时，对上述四个方面的客观存在应予以特别的重视，唯此，我们的治理才可能有的放矢。

从维护边疆稳定的角度观察。

当代中国边疆稳定面临的挑战从性质上可以分为两种类型。

第一种类型，是政治类型。政治类型中又可以分为三种情况。第一种情况，某些势力要把我们某些边疆省区从统一多民族的中国中分裂出去，所以在政治上表现为分裂和反分裂的斗争。第二种情况，由于边疆地区相关联的境外地区不稳定造成的冲击。由于境外的不稳定，对相邻的边疆地区的稳定造成了负面影响。目前表现在东北边疆地区。东北边疆地区本身也存在很多问题需要克服，需要解决。但是它现在最大的挑战来自朝鲜半岛。朝鲜半岛发展的不确定性对东北边疆地区的稳定带来很多负面影响。第三种情况，由于历史上遗留的边界问题没有得到彻底解决，存在边界纠纷，影响了相关地区稳定的局面。

第二种类型，是经济类型。就是某些国外势力集团为了追逐高额利润，在边疆地区进行跨国犯罪，包括贩毒、拐卖人口、走私枪支等，特别是贩毒。这种犯罪活动，特别是贩毒，确实对当地社会带来非常严重的影响。

从周边安全的角度来观察。

周边安全，实际上也是边疆稳定的另外一种表述，或者说是另外一个观察的视角。从 20 世纪 90 年代以来，我国周边安全形势应该说处于新中国成立以来情况比较好的一个历史时期。我国的边疆安全、周边安全大概有这么几个特点：

第一，总体的稳定与局部的不稳定并存。地区的总体稳定局势主流是能够保持的，但是也有许多不稳定因素存在。这些不稳定因素有的时候还可能激化。

第二，陆缓海重，就是陆地边界相对比较缓和，海疆方面的问题比较多。与陆缓海重相对照的是北缓南急，即北部边疆相对比较缓和，而南部海疆方面的事情就比较多。那么，具体的也就是我所说的重点地区——台湾、南沙群岛，特别是台湾。

第三，威胁多元，程序有别。当然这里影响我们战略全局的最大威胁来自美国。威胁多元中既有美国的因素，也有日本的因素，但是最大的威胁在美国。

第四，有关问题相互联系，而且是互相影响。

从 20 世纪 90 年代以来，这四个特点应该说总体上是这么一个格局。

具体来说，在我国周边安全问题上，有以下几个政策的取向可以考虑。

第一个政策取向，是强化以多边制衡为核心的大国政策。我们要顶住美国的压力。与此同时，我们应该把广大的发展中国家作为一个重要的牵制力量。

第二个政策取向，是我们要推行以积极塑造为重点的周边安全政策。积极塑造，我们要使自己有个好形象，面对美国、日本等国所制造的“中国威胁论”，我们要建立以睦邻友好为特点的周边关系，塑造我们的大国形象。

第三个政策取向，是我们要突出以有效威胁为内容的国防政策。也就是说必要的时候就要显示我们的实力，在台湾问题上，我们为什么说，只有立足于打才有可能不打。我们就是要突出以有效威胁为内容的国防政策。

这三个政策取向是我们应予重视的。只有这样，才能使得我们的周边安全能够保持一个好的态势。

（三）发展与稳定

1. 治理视野下的边疆发展

发展和稳定是我国现代化进程中的两个基本主题。对于国家来说，边疆发展问题是全局性、根本性、战略性的问题。边疆发展离不开中央政府的政策指导、边疆地方政府的政策实施，但仅以政府为单一中心的治理是不够的，边疆发展离不开各民族的齐心协力，离不开企业的创新开拓、非政府组织的志愿辅助，以及国际上的协作，需要多元体、多中心的协作治理。

边疆治理虽然属于区域性的地方治理，但从地方的视角来看则是一种整体治理。这种整体治理是从中国边疆实际出发，以边疆发展为中心，以协作治理为关键，以边疆稳定为保障，实施边疆政治发展战略、经济发展战略、文化发展战略、社会发展战略、生态发展战略等，加快边疆地区的经济社会发展，建设和谐边疆。

2.关于发展五题

题之一，发展的内涵应该是社会的整体发展，包括经济的发展、文化的发展，特别是国民素质的提高，这样的发展才有可能是可持续发展、跨越式发展，才有可能使发展取得最理想的效果。那种把“发展”简单看成是经济的发展，是非常不全面的。

题之二，经济发展无疑是发展的重要组成部分，在经济发展中应坚持群众第一、民生优先，处理好长线投入与短线投入的合理比例。在此前提下，倾国家之力，在边疆地区推进基础设施现代化、新型城镇化的进程。

题之三，制定经济发展战略规划，必须顾及地区特点，不能行政命令，不能生搬硬套，必须把“我让你做”变成“老百姓愿意做”，要激发群众改变自己命运、建设和发展自己家园的主动性和积极性。

题之四，要做好做实对口援疆工作，援助边疆是服务、是拥抱，处理好援疆中“输血”与“造血”的关系，“输血”是临时性的，“造血”才是决定性的。

题之五，要处理好发展与稳定的辩证关系。发展和稳定是互相依存、互相制约的，没有发展，稳定得不到保证，没有稳定，何谈发展，发展和稳定相辅相成，在实践中绝不是，也绝不能把二者人为分割：这个时期抓发展，那个时期抓稳定，那种把发展和稳定作为不同阶段区分的标准，在思想方法上是形而上学，而在政治上是十分有害的。

3. 关于稳定三题

题之一，治理视野下的边疆稳定。

边疆稳定是指边疆地区的社会稳定，亦即我们习惯称之为长治久安。社会稳定，包括政治稳定、经济稳定、社会秩序稳定、思想稳定和国际环境稳定等层面。边疆稳定的治理是以政府为主导的多元主体的协作性治理。长期以来，我国边疆稳定治理的主体都是中央政府和地方政府。但实践证明，仅此仍远远不够。传统的边疆稳定治理都是政府行为，边疆社会和公民仅仅是被治理的对象，完全处于消极被动的地位，因此不可能从根本上实现边疆的长治久安。要使边疆的稳定治理取得应有的效果，必须构建一个由中央政府、边疆地方政府、边疆社会组织、公民等相结合的协作性主体结构，其中中央政府是边疆稳定治理的制度安排者和主导力量，主要提出边疆稳定治理的制度框架和国家战略，调动必要资源，督导和推动边疆地方政府，促成稳定治理目标的实现。边疆地方政府是边疆稳定治理的具体责任人，负责落实中央政府的大政方针，承担具体的边疆稳定事务的管理。边疆社会组织和公民则是边疆稳定治理的参与者和行动者。

题之二，要打一场反恐的人民战争。

当今，边疆地区面临非传统安全问题的严峻挑战：“三股势力”的暴恐活动、毒品、非法移民、拐卖妇女和儿童、流行疾病等在我国不同边疆地区都不同程度存在。但我们也应承认，尽管新疆社会大局总体稳定、可控，但新疆维稳形势的严峻、复杂，是谁也回避不了的客观实际。新疆的反恐、反分裂斗争将持续一代人、二代人，甚至更长的时间，所有爱国的中国人应有足够的心理准备。面对暴恐分子的挑战，为实现新疆的可持续发展和长治久安的大局，动员各族人民，打一场反恐的人民战争是一项既紧迫又持久的重大任务。

首先，要打一场反恐的人民战争。

随着恐怖主义越来越多地指向无辜民众，打击恐怖主义、保障公众的安全，不可避免地需要公众自身更积极的参与和配合。实践表明，公众的反恐意识、反恐知识、心理承受能力、警觉性，以及辨别是非和自救能力等方面，都与反恐的效果息息相关。国外的和新疆的经验证明，反恐活动需要民众自身做好准备，需要民众积极参与的心态、很强的反应能力和自卫能力。

其次，政府的指导必不可少。

政府有关部门要提高对公众参与反恐工作的重视程度，要从战略的高度思考这一问题，公众参与反恐不是可有可无，更不是添乱，影响民族关系，而是反恐斗争全局中软实力的重要内容。同时还应该高度重视反恐教育和宣传工作，这类反恐教育和宣传不是要营造一种人为的不安定气氛，而是要普及相应知识、提升公众的应对能力。

关于教育方面，政府有关部门应参照已有的防火、防灾、防震手册形式，组织力量编写《反暴力恐怖安全手册》，免费发放，组织培训，让公众在面对突发恐怖暴力袭击时掌握必要的自救、自卫能力。

关于宣传方面，一是要坚持第一时间发布信息。要想赢得斗争的胜利，不仅要迅速控制案发现场，制服暴恐嫌犯，还必须尽快公布真相，公布得越快、越详细，杂音就会越小，我们公开真实情况的速度，要跟互联网时代的不负责或者别有用心的杂音赛跑，抢占话语权。二是在对外宣传中要学会讲好中国故事，用受众能接受的方式来介绍。宣传报道中，应遵循国际传播规则，对问题的揭示与分析、全面平衡的报道，比平庸刻板的报道更能塑造国家的真实形象，没有人相信一切都是完美的，承认自己确有麻烦，但我们能好好处理，对受众来说更有可信度和说服力。

再次，要营造一个打击恐怖、反对分裂的社会大氛围，是当前和今后一段时间内反恐斗争的重要目标之一。

最后，进一步探索、完善、创新社会管理模式，是打一场民众参与反恐人民战争的重要一环。

在完善、创新社会管理模式上，如下四个方面似应进一步明确其必要性：

一是，管理本身包含管理者和被管理者，管理者应是政府和政府主导下的各社会团体，广大民众是被管理者，但绝不是消极的被管理者，一个民主社会，被管理者也担当着管理者的角色。

二是，社会管理手段可分为政治、经济、舆论、教育，以及社会工作各个层面，涵盖了社会生活各个方面。

三是，实施社会管理时应注意掌握适度。

“度”是用来表明事物大小、强弱、高低的程度或限度，社会管理的度是指管理系统对于社会行为与社会关系调控的程度，一般而言，我们可以从管理力度、管理刚度和管理密度来观察社会管理的适度问题。

管理力度，用来表明社会成员社会活动空间的大小，力度越大，表明社会成员活动空间越狭小，反之则表明社会成员活动空间宽广。

管理刚度，用来表明社会成员越轨行为受到社会制裁的可能性大小，以及制裁强度的高低。刚度越大，表明越轨行为受到制裁的可能性越大，受到的制裁越严厉，反之，表明制裁的可能性越小，受到的制裁越轻微。

管理的密度，社会成员活动空间犹如被渔网般的社会控制系统作用着，它构成了社会管理网络，社会管理网络越深入、越严密，社会管理密度越大，表明受到控制的社会行为与社会关系越多，反之，则越小、越少。

上述的力度、刚度、密度三者之间有一个协调、互补的关系，其中，力度与密度是由社会预先规定好的，即以社会规范的尺度，利用社会管理手段对社会成员“可以做什么”、“禁止做什么”的事先规定，超出这一规定范围就是越轨行为。刚度则是视社会管理实施过程的状况决定，越是严格依据规范对越轨行为实施制裁，管理刚度越高。

四是，在一个多民族聚居的社会中，既要充分考虑多民族聚居的客观实际、民族社会成员的自由度、民族关系的和谐度、民族社会的整合度，又要防止人为过度强化民族的特性，让社会发展中出现的问题回归问题本身，这是我们今后工作努力的方向。

题之三，对边疆地区群体性突发事件的预警和处置。

关于群体性事件，一般被称为“群体性肇事”、“突发事件”、“治安紧急事件”，公安部发布的《公安机关处置群体性治安事件规定》对群众性事件界定是：“群体性事件是指聚众共同实施的违反国家法律、法规、规章，扰乱社会秩序，危害公共安全，侵犯公民人身安全和财产安全的行为”。而边疆地区发生群体性突发事件，其群体的主体往往是少数民族身份，因此，有的学者将民族群体性突发事件概念表述为："不同的民族之间，基于政治、经济、文化和社会的矛盾摩擦和利益诉求，引发的聚众共同实施的违反国家法律、法规，危害社会，侵犯人民群众生命和财产的集群体事件"[①]。少数民族群体性突发事件从总体上看多属人民内部矛盾性质的体制外、非制度化的行为，大体上可以分为社会性维权事件、社会泄愤事件、社会骚乱事件。经济转型过程中社会成员受益不均是酿成上述事件发生的基础性原因，而政府管理行为失当往往是促成事件发生的催化剂，当然也时常伴有社会不稳定分子的借机煽动。

20 世纪 90 年代以来，群体性事件呈现出数量增多、规模扩大、行为方式越发激烈等趋势，成为边疆地区保持稳定、和谐局面的严重挑战之一。

"安而不忘危，治而不忘乱、存而不忘亡"，也就是"居安思危"，是中国历史上"治国安邦"最重要的经验。

---

① 林文勋：《当前中国边疆治理研究中的几个问题》，郑永年、林文勋主编：《21 世纪的中国边疆治理与发展——第二届西南论坛文集》，社会科学文献出版社 2013 年版，第 150 页。

预防少数民族群体性事件最好的办法就是，在事件尚未爆发时就排除隐患，将隐患消灭于萌芽状态。而优化少数民族群体性事件预警机制是治理危机最经济、最有效的办法。

预警机制的优化，一是政府应加大对民情、民怨的监测，对少数民族群众反映强烈的问题应给予充分的重视，并掌控民怨的发展变化轨迹，采取措施，合理解决，一时解决不了的要善于疏导；二是要建立一整套健全的法律、法规，对预警责任机制的界定，预警监控机构的职责，预警的应急保障等要有明确的规定，使少数民族群体性事件预警机制有法可依、有法必依。

（四）边疆民族文化的继承、协调与创新

1. 边疆民族文化的多元性

民族文化的多元性是边疆的显著特点。其多元性主要表现为族群的多元性和宗教信仰的多元性。

族群的多元性表现为，无论是历史还是今天，中国少数民族绝大部分都生活在边疆地区。中国五大民族自治区，有四个是边疆地区，全国边境县（旗）135 个，民族自治地方有 107 个。全国陆地边境线 2.2 万公里，民族自治地

方占了1.9万公里。在56个民族中，有30多个少数民族与境外同一民族相邻而居。中国边疆民族各有自身的文化传统，仅从语言上来看，就分属于阿尔泰语系、印欧语系、汉藏语系，以及南亚语系。尽管大多数在同一语系内部的各民族间都有着一定的亲缘关系，但是由于从远古的先民到现代民族的形成经历了很长的时间，各民族在形成和发展过程中往往会经历多次的迁移，由此文化接触和文化融合在所难免，各民族内部也出现了一定程度的分化。在同一民族内部，由于聚居地区生态环境的差异，以及受到不同外来文化的影响及影响力大小等的作用，而形成很多支系。

在同一民族内部可以区分出诸多相异的支系。从一定程度上可以认为，有时边疆民族内部的差异性要远远大于民族之间的差异性。[①]

宗教信仰同样也存在多元性，人类在认识自然、改造自然的过程中，感受到来自社会外部的压力，同时也发觉人在面对自然时的无奈，因此产生了宗教情感。边疆民族

① 参阅周平等著:《中国边疆治理研究》，经济科学出版社2011年版，第226~227页。

也概莫能外。在与自然长期抗争的过程中，生活于不同地域空间的边疆民族产生了相异的宗教观念或者宗教信仰，而生活于相似地域空间的民族则可能保有类似的宗教信仰。譬如在中国北方边疆民族中，同属于阿尔泰语系满—通古斯语族和突厥语族的各民族的一个共同特点是萨满文化，而在南方由齐家文化、大溪文化和河姆渡文化发展起来的民族都有一个共同的特点——巫文化。诚然，一个民族发展形成的生态环境对于其宗教信仰的建构有一定的影响，但是在民族迁徙与融合的过程中，文化之间的相互影响不容忽视。中国各边疆民族在形成之初就存在一个潜规则——文化分化与重组、吸收与传播，而这一点在边疆民族宗教信仰中得到充分体现。在中国边疆民族中，同宗同信仰、同宗不同信仰、同族不同信仰、同信仰不同族的现象交错叠加，信仰的多元造就了边疆民族信仰的多元性。

2. 正确处理边疆民族文化特色化发展的辩证关系

文化是民族的血脉，是人民的精神家园。文化价值集中表现在民族素质的形成和国家形象的塑造上。文化具有超越时空的稳定性和极强的凝聚力，一个民族的文化模式一旦形成，必然会持久地影响社会成员的思想和行为。在人类历史发展进程中，同一民族通常都具有共同的精神信仰、价值取向、心理特征和行为模式。人们正是通过这种共同的文化获得认同感和归属感。因此，文化始终是维系社会秩序的精神“黏合剂”，是培育社会成员国家统一意识的深层基础。国家统一固然取决于强大的政治、经济、军事实力，但文化却是物质力量无法替代的“软实力”，是一种更为基础性、稳定性、深层次的战略要素。

在当前文化大发展大繁荣的形势下，边疆民族文化的特色化发展和发展的特色化同样面临极好的机遇，也面临形色各异的挑战。为抓住机遇，应对挑战，我认为正确处理好如下三个辩证关系，对边疆民族文化的特色发展，极为必要：

一是，正确处理整体与局部的关系

此处所说的整体，首先是指由统一多民族的中国和多元一体的中华民族所创造的中华文化，也就是说中华文化是由 56 个民族共同创造的；其次是指由构筑在中国文化版图上的各个地域文化共同组成中华文化这一个文化共同体的概念和实体。相对于上述中华文化整体和全局，边疆民族文化则是一个局部。今天中华人民共和国各民族文化和各地域文化，包括边疆民族文化，都是中华文化的有机组成部分。各民族文化和各地域文化，包括边疆民族文化，在长期历史发展过程中，互相学习、互相交流、互相促进、互相补充，才造成了中华文化源远流长、博大精深、多姿多彩的宏大气象，显示了中华文化的多样性、包容性、互补性和创新性特色。

作为中华文化重要组成部分的边疆民族文化除了上述多样性、包容性、互补性和创新性特色外，还具有鲜明的地域性和鲜活的民族性特点，正是有了边疆民族文化的存在和补充，才使中华文化出现争奇斗艳、绵绵不绝的奇观，使每一位中华儿女增添无限的文化豪情。

如果在现实生活中，忘却了整体，或将整体和局部倒置，必将造成因地域性和民族性而产生的民族文化差异性置于中华文化主体之上的现象，若如此，在政治上是有害的，对文化发展本身也是无益的。

二是，正确处理传承与创新的关系

生活在边疆地区的诸多民族，在长期的历史发展进程中形成自身的文化传统、文化特色，对此，今人面临如何传承和如何创新的任务。所谓传承即是继承和发扬边疆民族文化的优良传统；所谓创新，一是对传统文化不能墨守成规，要与时俱进；二是对传统文化的糟粕要摈弃、改造。须知尊重文化传统的最高境界，是使文化传统有活力、不断创新。

在创新时要注意如下两个误区的存在：

其一，对任何文化，包括边疆民族文化的价值只能说好，不能指出其不足，“对任何民族文化价值的讨论，似乎任何民族文化都必须首先从正面给予肯定，否则你就有可能被认为是狭隘的、专制的民族主义者”[①]。在当今中国则将被扣上大汉族主义的帽子。其实美国著名学者塞缪尔·亨廷顿曾说：“尽管种族主义和种族歧视的一些现象继续存在，但在半个世纪后，再利用种族主义和种族歧视来解释黑人的成就不足，已经说不过去了。”

其二，对边疆民族文化的改进与创新，必须依靠本民族精英和群体的共同努力，自下而上地有序推进，切忌迷信行政权力的强制推行和非本民族力量的介入，若此，效果必然是适得其反，甚至出现强烈反弹。当然国家的指导，相关政策的导向和现代文化的引领是必不可少的，十分重要的。

---

① 吴楚克：《少数民族发展，文化不能落后》，《环球时报》2011年11月25日，第15版。

三是，正确处理文化认同与国家认同的关系

文化认同是国家认同的基础，没有牢固的文化认同，国家认同是脆弱的，只有将文化认同的基础工作做扎实了，国家认同就能经得住风浪的考验。

国家、民族、文化是三个相互联系的领域，也是国家社会构成的三个基本层面。

国家的统一取决于国民的凝聚力、向心力，归根到底取决于国民对国家的“高度认同”；或者说，没有国民对国家的认同，就没有国家的统一，也就没有一个国家立足于世界的基础。国家的认同，从根本上体现在民族的认同，这里的“民族”，不是单一族裔的“族群”，而是整合于一体的国家民族，在中国就是中华民族。中华民族的认同，归根到底是56个民族对中华文化的认同。从中国稳定社会主义建设大局和高度出发，还应包括全民对社会主义道路的高度认同。今天，新疆维吾尔自治区提出“四个高度认同”，即：统一多民族中国的高度认同、中华民族的高度认同、中国文化的高度认同、社会主义道路的高度认同，并开展“四个高度认同”思想工程，这些举措是具有战略意义的。

（五）文化认同与国家认同

1. 文化认同是国家认同的基础

文化具有超时空的稳定性和极强的凝聚力，一个民族的文化模式一旦形成，必然会持久地支配每个社会成员的思想和行为。在人类历史进程中，同一民族通常都具有共同的精神结构、价值系统、心理特征和行为模式，人们正是在这种共同的文化背景中获得了归属感和认同感。因此，文化认同始终是维系社会秩序的“黏合剂”，是培育社会成员国家统一意识的深层基础。国家安全统一固然取决于强大的政治、经济、军事实力，但文化认同却是物质力量无法替代的“软实力”，是一种更为基础性、稳定性、深层次的战略要素。文化认同对维护国家安全统一具有特殊的功能：

（1）标识民族特性，塑造认同心理。文化是一个民族和国家区别于其他民族和国家的基本特质和身份象征。在一定民族地域内形成和发展起来的共同文化传统，塑造了该民族成员的共同个性、行为模式、心理倾向和精神结构，并表现为一定的民族心理或我们通常所说的国民性。中华文化是中华民族身份认同的基本依据，“崇尚统一”是这个文化价值体系中最显著的特征之一。数千年来，国家统一一直被视为国家的最高政治目标和民族的最高利益，一切政治活动通常都以国家统一作为核心价值和行为准则。这种民族心理沉积于中国社会和价值系统的最深部，主导着中国的政治法律制度、经济生活方式和主流价值观念。中国历史上虽然有分有合，但不论是分裂时期还是统一时期，中华民族都有一个共同的思想意识，这就是国家统一的意识。中华文化这种强烈的国家认同意识，为遏制分裂倾向、凝聚统一意志、消除政治歧见提供了最坚固的精神堤防。

（2）规范社会行为，培育统一意识。在社会通行的准则规范和行为模式中，通常总是潜隐着一整套价值观念体系，这一系统始终居于民族文化体系的核心部位，自觉或不自觉地支配着人们的思想和行为。每个民族成员都生活在特定的文化背景之中，世代相传地承受着同一文化传统，个人的价值观念就是在这种文化传统的耳濡目染中构建起来的。不仅如此，人们在文化的内化过程中，还会把民族共同的价值观转化为自己的内在信念，从而使个体在特定的民族文化传统中获得认同感和依赖感。“大一统”是中华文化的主流意识之一，是中华民族世代相承的基本社会理念和普遍的价值取向。正是这种追求统一的价值取向，使得中华民族的文化认同始终如一，从未导致过文明断层的历史悲剧。在中国历史进程中，统一的文化理念主导着统一的实践，“大一统”的政治实践反过来又强化着人们追求统一的信念，因此，历代统治者无不高度重视“大一统”政治秩序的巩固与维护，无不致力于探索天下分合聚散的规律与对策。在这种文化背景下，军事战略最重要的价值取向就是维护国家安全统一，文化认同不仅为维护国家安全统一提供了强有力的精神支撑，而且为军事等物质力量发挥作用奠定了坚实平台。

（3）凝聚民族精神，强化统一意志。中华文化的价值意识具有强烈的感情色彩，内聚性、亲合性和排异性的特征十分明显。这一特性决定了每当国家存亡、民族兴衰的关键时刻，都能够激发民众强大的国家意识和民族精神。“天下兴亡，匹夫有责”，这正是中华民族大多数成员所认同的道德规范。民族精神是民族文化的精华，也是国家认同心理的深层源泉，爱国主义就是这一精神的集中反映。中国之所以历经治乱分合而始终以统一为主流，正是得益于以国家统一为核心价值追求的民族精神。数千年来，无论是统治者，还是普通的老百姓，人们普遍认为唯有实现

“大一统”，国家才能获得最大的安全，民族才能得到应有的尊严，天下才可能实现长治久安。正因为如此，中国历史上虽然多次出现过分裂局面，但是在古代典籍中几乎找不到任何一个主张分裂分治的学派，反而都把“天下一统”作为政治斗争的原则与指归。尤其是每次统一战争爆发之前，社会上总会出现一股势不可挡的统一潮流，每当国家遭受外敌入侵的时刻，社会内部总会产生一种捐弃前嫌、同仇敌忾的强大意志。中华文化所拥有的这种统一意志，为维护国家统一奠定了坚韧无比的精神国防，离开了这种精神的支撑，政治、军事上的统一是难以持久的。

文化认同的上述功能，在多民族构成的国家显得尤为重要。中国是一个多民族的大国，文化认同始终是政治家维护国家安全统一的战略主题。《周易》早就有“观乎人文，以化成天下”的认知，南朝萧统赞成“文化内辑，武功外悠”的治国方略，龚自珍发出了“灭人之国者，必先去其史”的警告，都体现了中国政治注重“文化立国”的历史传统。正是这种以文化认同作为民族认同、国家认同和政治认同基础的价值取向，为中国数千年来的政治统一奠定了坚实的信念和基础。纵观历史，当统一形成共识却遭遇重重阻力时，文化认同的力量更能显示出“硬实力”

不可替代的特殊作用。可以说，文化认同就是政治，文化认同就是国防，政治军事上的统一只有以文化认同为基础才能更加稳固与持久。

2. 民族认同与国家认同的相互关系[①]

广义的民族认同是指对某一个主权民族国家的认同，即国民认同；狭义的民族认同是指一国之内的各个民族对各自民族文化的认同，即族群认同，包括民族成员在个体交往间彼此认同和个人对民族整体的认同两个方面。民族认同产生于社会交往之中，有其自身的认同媒介和标准，可分为外显和内在两部分。外显的诸如民族风俗习惯、语言文字、体制特征、物质文化等。内在的如精神信仰、人生观、道德观、价值观。民族认同强调“同起源性”，包括起源地、语言文字、宗教信仰、生活风俗习惯等。

国家认同，是指一个国家的公民对自己祖国的历史文化传统、道德价值观、理想信念、国家主权等的认同，即基于民族国家同一体基础上的国民认同，如包括 56 个民族

---

① 参阅林文勋：《当前中国边疆治理研究中的几个问题》，郑永年、林文勋主编：《21 世纪的中国边疆治理与发展——第二届西南论坛文集》，社会科学文献出版社 2013 年版，第 141~161 页。

在内的中华民族和中国同一体的国民认同，也是广义的民族认同。国家认同是一种重要的国民意识，是维系一国存在和发展的重要纽带。国家认同实质上是一个民族确认自己的国族身份，将自己的民族自觉归属于国家，形成捍卫国家主权和民族利益的主体意识。国家认同是社会成员对自己国家的归属认识和感情依附，是维系一个国家存在和发展的重要纽带。

国家认同是民族认同的升华，民族认同是国家认同的基础，国家认同是广义的民族认同，即民族国家认同的同一体和各族群认同的统合。民族认同与国家认同既相互联系又相互区别。国家认同与民族认同比较，是属于较高层次上的认同，常与爱国主义、国家主义等概念相关。一般而言，在多民族的国家，国家认同是较民族认同更高层次的认同，在单一民族国家，国家认同与民族认同相重合，即成员借助特定的象征符号及其他认同媒介对所属群体的强烈认可。在一些情况下，民族认同与国家认同相辅相成、相互促进，而在一些情况下二者又相互矛盾，相互影响。

我国边疆少数民族的国家认同是一个政治概念，我国是一个典型的多民族国家，民族构成十分复杂，少数民族大多数处于边疆地区，他们在政治上进行地方自治，军事上是国家的国防前沿，战略位置十分重要，经济发展水平与内地有较大差别，文化独特，各方面均具有特殊的地位和作用。在边疆长期聚居的少数民族因其成长于特殊的民族文化氛围之中，有着与生俱来的族群认同，同时又由于共处于中华人民共和国这一共同政治体之中，也保持着对国家的认同，这是我国在边疆地区政治统治的合法性基础和国家维系自身的统一性与持续性的重要保障。边疆少数民族的认同状况，尤其是族群认同与国家认同的相互关系格局，对国家的政治稳定，边疆安全和国家统一都具有十分重大甚至决定性的影响。

3. 中国要建设国家认同

如果说中国的现代国家建设是从孙中山先生领导的近代革命开始的，迄今也有一个世纪之久了。但是很多事情表明，这项任务还远远没有完成。

国家认同是个近代概念，是近代民族主义发展的产物。自法国大革命以来的近代民族主义既是一种意识形态，更是一场基于这一意识形态之上的政治社会运动。近代民族主义最直接的政治产物是民族国家。任何一个近代民族国家都包括两个重要方面，一方面是民族国家制度，另一方面是境内居民的国家认同。如果说，民族国家制度是民族国家的“硬件”，那么国家认同就是“软件”，这里国家认同也就是我们时常所说的爱国主义，即对民族国家的一种依恋式的情感。

不见得任何民族主义都会取得成功，就是说，即使存在着民族认同感，但也不见得任何民族认同感都能转化成为民族国家制度。但成功的民族主义必须最终表现为民族国家的建立。没有民族国家的制度基础，民族主义只能表现为一种情感。但另一方面，如果没有国家认同感，已经建立的民族国家就没有稳固的心理基础。所以，民族国家的制度基础和心理基础是相辅相成的。

中国尽管是个文明古国，但建立国家认同的过程并不比其他国家来得容易。自秦始皇以来的传统中国，国家表现为帝国体制。尽管具有当时世界上最完备的官僚体系，但这一官僚体系仅仅用来维持王朝的生存，国家权力渗透社会的能力极其低下。另一方面，老百姓则是“日出而作，日落而息”，形成一种“帝力于我何有哉”的政治冷漠心态。也就是说，帝国之下，老百姓没有任何近代意义上的国家认同感。

这种情形和西方近代国家形成鲜明的对照。西方一方面是国家权力深入社会的各个角落，另一方面是人民逐渐参与国家事务，成为国家政治过程的一部分。很多研究中国的外国学者在比较了中国和西方近代国家之后，非常惊讶地发现，存在数千年的皇朝体制竟然没有在老百姓中间培养出国家认同感。梁启超很早就认识到：传统上中国人没有国家认同感，老百姓认同的是皇帝个人，而非国家。梁启超甚至提出了“新民说”，认为要建立类似日本那样的近代国家，首先要培养“新民”。

4. 国家认同受到地方主义和全球主义的两面夹击

以上的简单讨论并不表明，中国的国家建设是一帆风顺的。从中国的国家认同产生和发展所围绕着的两条主线来看，不仅可以看到这个痛苦的过程，也可体会到今天存在着的问题。

一条主线是内部的国家建设。在中国，国家建设的过程表现为人民认同从王朝转向国家，从地方政体（如军阀政权）到中央政权，从传统的“顺民”（政治冷漠）到今天的积极公民（具有政治参与意识）。所有这些转型都是通过长期的努力才达成的。直到今天，一些过程并没有完成。一方面，改革开放以来的分权导致了各种形式的地方主义。随着地方政权的增大，地方官员和居民的地方认同也有了发展。在这样的情况下，维护和巩固中央的权威就成为一个必须面对的问题。另一方面，全球化也对民族国家认同构成很大的威胁。民族国家之间互相依赖，传统意义上的主权往往受到各种制约。可以说，地方主义和全球主义对既存的国家认同感构成双面的夹击。

国家认同发展的另外一条主线就是外部帝国主义的影响。早期，帝国主义侵入中国的过程也是民族主义在中国传播的过程。应当指出的是，随着近代化的进程，没有帝国主义在中国的扩张，中国也会产生近代民族主义，但帝国主义无疑加快了民族主义在中国的传播。同时不容否认的是，西方一些先进的思想和制度，也随着帝国主义的入侵而得以在中国传播。

在任何国家，国家认同的建设是一个长期艰苦的事业。中国也不例外。我们还是需要两方面的努力。一方面是体制上的。国家认同、国家制度的建设、国家制度与人民的相关性，其中存在着很大关联。国家制度必须能够向人民提供各种形式的公共福利，使得人民在感受到国家权力存在的同时，获取国家政权所带来的利益。同时，人民参与国家政权的机制也必须加紧建设。如果人民不能成为国家政权或者政治过程的有机部分，人民的国家认同感就会缺少机制的保障。第二方面就是“软件”建设，即国家认同建设。没有一种强有力的国家认同感，中国就很难崛起。

应当指出的是，国家认同建设与民族主义相关，但它并不等于狭隘的民族主义。狭隘的民族主义反而会阻碍中国真正的崛起。中国是个多民族国家，民族的融合是个大趋势，容不得任何一个民族走狭隘民族主义路线。再者，在全球化的今天，各国的依赖性越来越大。狭隘的民族主义最终会是一条孤立路线，它已经被证明是失败的。

如何在推进全球化的同时来避免狭隘的民族主义？如何在加紧民族国家建设的同时迎合全球化的大趋势？如何在强调人民参与政治的同时维持中央政府的权威？这是中国在走向现代化过程中，必须要认真对待的问题。

题之六，中国边疆学是一门极具中国特色的独立学科

一、构筑中国边疆学是中国边疆研究学科发展的必然趋势

（一）构筑中国边疆学命题的提出

综观中国边疆研究的演进历程，可以用千年积累、百年探索、四十年创新来概括。

千年积累。中国历史悠久，疆域辽阔，今人如想认识研究数千年来边疆发展状况，肯定会遇到许多困难，史料匮乏、零散是其中最主要的问题。但与世界其他国家、地区相比较，研究古代中国有两个有利条件：一是古代中国文明持续不断，文化传统亦世代相继；二是古代中国有良好的史学传统。史学是以求真为前提的，但求善也是史学重要的社会功能。关于边疆纪实及研究的历史遗产既是前

人对边疆实况的记录，也往往反映了著者的世界观和方法论。在史学的发展过程中，求真与求善是一对矛盾的统一体，因受社会因素和个人因素的制约，历史文献都会有程度不同的局限性，因此辨析真善始终是史学工作者的重要任务。

百年探索。这里的百年，实际上是涵盖了 19 世纪至 20 世纪两个百年的时段。

在这一时段中，是中国历史巨变的两百年，经历了清朝由盛转衰到灭亡，从中华民国到中华人民共和国的剧烈变革。民族危亡、民族振兴是这一历史时段主旋律之一。中国边疆研究在这样的历史大背景下，也经历了兴旺、衰微、再兴旺的历程，两个世纪以来，共出现了两次中国边疆研究的高潮，两次研究高潮分别是：19 世纪中叶至 19 世纪末，西北边疆史地学的兴起，是中国边疆研究第一次高潮的标志；20 世纪 30 年代至 40 年代边政学的提出与展开，是第二次中国边疆研究高潮的突出成就。

四十年创新。20 世纪 80 年代以来中国边疆研究第三次研究高潮出现的标志是研究中实现了两个突破：一是突破了以往仅仅研究近代边界问题的狭窄范围，开始形成以中国古代疆域史、中国近代边界沿革史和中国边疆研究史三大研究系列为重点的研究格局，促成中国边疆研究的大发展；二是突破了史地研究的范围，将中国边疆历史与现状相结合，形成贴近现实、选题深化、成果众多的特色，至今这次研究高潮仍方兴未艾，显示出可持续发展的强劲势头。而边疆中心创立以来的研究实践成为上述两个突破实现的实实在在的助推力。

承载着千年积累、百年探索和四十年创新的中国边疆研究，今日面临着新的跨越——构筑中国边疆学，这是学科发展的必然趋势，也是建设有中国特色社会主义的需要。每一个边疆研究工作者应认清自己的历史责任，抓住机遇，迎接挑战。

（二）学科发展的必然

中国边疆研究随着学术的不断进步，为顺应社会现实的要求，作为一门发展中的交叉学科，仅仅围绕边疆历史研究而展开理论研究的传统格局已经被打破，学术界在深入研究中国边疆历史的同时，更加关注中国边疆的现实问题。同时，在边疆问题研究中，多学科相互交叉、相互渗透、相互交融，研究者普遍将历史学、政治学、民族学、考古学、宗教学、法学、社会学、国际关系学等学科的理论和方法结合在一起，以更加多样化的视角来审视中国边疆的历史和现状，因而呈现出历史研究与其他学科有机结合的特点，跨学科研究渐成趋势。

中国边疆研究由单一学科层面向多学科层面的发展，既符合学术发展的一般规律，又凸显出该学科的独特性。当仅仅依托单一学科的理论、方法和手段已不足以全面诠释中国边疆所面临的诸多问题时，由中国边疆史地研究向中国边疆学的学术转型就成为必然。这一学术转型建构于以下四个方面的原因：

首先，中国边疆史地研究具有优良史学传统，特别是20世纪最后20余年学术研究所取得的重大成就，为学科的发展奠定了良好的基础；随着学科体系的不断完善，以及新思路、新方法的不断出新，研究层面和研究视角将向更深入、更广阔的方向发展。

其次，随着研究的深入，边疆研究中的难点问题层出不穷，以往研究中被忽视或研究不够深入的大量理论问题日益成为本学科不可回避的课题，这些课题具有重要的学术价值和现实意义，从而为研究者的科研活动提供了巨大的空间，也展示出中国边疆学学科的发展潜力。

再次，基础研究与应用研究相结合的发展趋势，为本学科领域注入新的活力。时代的发展不断提出新问题和新要求，尤其是边疆学研究领域，面临着诸多新的挑战，研究者必须直面中国边疆稳定与发展中所产生的种种问题。无论是传统的历史学研究，还是具有时代特点的现实问题研究，都不是孤立存在的，把两者融为一体进行贯通性研究，在历史的长河中探索当代中国边疆治理的重大问题，既是社会科学研究功能的体现，也是本学科不断蓬勃向上的客观要求。

最后，跨学科研究凸显本学科发展潜力。就学科本身的特性而言，在边疆问题研究中，历史学无疑是最基础、最重要的学科门类，只有对中国疆域形成、发展的历史进行科学、深入的研究，才可能使我们准确把握中国统一多民族国家演进的规律，从而为中国边疆研究奠定坚实的理论基础。但是毋庸讳言，仅从历史学的角度来解决中国边疆的现实问题，显然有很大的局限性。由于学科的分野，加之中国边疆的多样性、复杂性，决定了中国边疆问题的研究需要集纳多学科的理论和方法，学科间互通、交融的趋势大大增强。各相关学科门类从理论到方法的成熟性，以及中国边疆学术领域跨学科研究的大量实践，为中国边疆学的构筑提供了有益的保障。

二、中国边疆学“三大体系”建设

新时代向边疆研究学人提出了新要求。习近平总书记《在哲学社会科学工作座谈会上的讲话》中指出：“要按照立足中国、借鉴国外，挖掘历史、把握当代，关怀人类、面向未来的思路，着力构建中国特色哲学社会科学，在指导思想、学科体系、学术体系、话语体系等方面充分体现中国特色、中国风格、中国气派。”[①] 我们应在着力提高政治判断力、政治领悟力和政治执行力的高度上，审视中国边疆学构筑中的理论研究的新命题，即加快构建具有中国特色、中国风格、中国气派的中国边疆学学科体系、学术体系、话语体系，并将“三大体系”建设视为中国边疆学理论建设中的首议之题。

（一）中国边疆学的学科体系

一门独立学科得以形成，按学术研究规律，必须具备下述四个条件：一是有专门研究对象；二是有相对固定的

---

① 习近平：《在哲学社会科学工作座谈会上的讲话》，《人民日报》2016 年 5 月 19 日。

研究队伍；三是有厚重的研究积累和影响；四是有现实生活紧迫的需求。

以此为标准，观察中国边疆研究演进历程，“中国边疆学则是以中国边疆的整体作为研究对象，从理论上说是通过学界有志于此的学者们的努力能够形成其他学科不具备的特点，并通过融合其他有关学科的理论与方法形成独特的学科特征”[①]。基于此，中国边疆学可以成为，也应该成为一门独立的学科。

中国边疆理论的不断探究，是中国边疆学构筑的学科基础。长期以来，我们将统一多民族中国疆域形成和发展及其规律、多元一体中华民族形成和壮大及其规律、中国古代治边思想与实践的总结，以及近代以来边界、边境相关理论的研究作为研究的重点，展开全方位、多层面研究，现在看来还远远不够。

中国边疆学的学科体系于我而言是一个十分深奥的问题。借用一位智者的见解：“所谓‘学科’，指的是科学或知识研究的特定领域或分支。而‘学科体系’即是指由科

---

① 李大龙：《试论中国边疆学“三大体系”建设》，《中国边疆史地研究》2020 年第 2 期。

学研究的若干基本领域或分支以特定方式联系而成的具有特定结构和功能的学科整体。”“它的基本特征是：第一，用分析的方法将作为一个整体的世界逐层切割为一些不同的领域，以此作为科学或知识研究的不同对象；第二，将这些逐层切割出来的不同领域视为一个按抽象程度从低到高逐层上升的归纳—演绎体系。体系的顶端是抽象程度最高的学科领域，即以探讨适用于各领域的普遍或第一原理为要务的哲学，底端则是来自不同领域的经验陈述。整个学科体系由此呈现出一种金字塔状或树状的形式。”“学科体系是一种知识体系。”[①]

极具中国特色的中国边疆，其时空可用“上下五千年，东西南北中”来形容，中国边疆又是国人两大历史遗产——统一多民族中国和多元一体中华民族共生的平台。依我理解，中国边疆即是“指由科学研究的若干基本领域或分支以特定方式联系而成的具有特定结构和功能的学科整体”。

中国边疆学既是一门探究中国疆域形成与发展规律、

① 谢立中：《探究“三大体系”概念的本质意涵》，《中国社会科学报》2020 年 12 月 24 日，第 1 版。

考察统一多民族中国历史发展轨迹的综合性学科；又是一门总结中国边疆治理理论与实践经验、探求当代中国边疆可持续发展与长治久安现实与未来、极具中国特色的战略性学科。尤其是中国边疆治理理论与实践研究是中国边疆学研究的重中之重，只有将中国边疆作为统一多民族国家的有机组成部分，作为一个完整的研究客体，我们才能更好地认识中国的边疆，研究中国的边疆，才能更好认识中国边疆面临的一系列历史上难点问题和现实中热点问题，并作出科学的回答，而所有这一切只有在中国边疆学学科建立后，才可望得到合理的开展。

根据中国边疆学学科特点，中国边疆学可按研究性质分为基础研究领域和应用研究领域。

中国边疆学具备战略性、综合性、现实性、实践性、预测性五个学科特点。

中国边疆学是研究极具中国特色的中国边疆的一门综合性交叉学科，是社会科学的一个分支，应定位于社会科学学科分类的一级学科，为此应将中国边疆学归入国务院学位委员会、教育部新设置的“交叉学科”门类，与“国家安全学”等一同作为我国第 14 个学科门类——“交叉学科”下设的一级学科。

是否符合国家重大战略需求，这是前提；已有知识体系和结构的储备情况，是否能支撑国家重大战略的可持续发展，是基础。这是学科能否上升成为一级学科的标准[①]。平心而论，上述标准中的前提和基础，中国边疆学研究现状都是达标的。而“社会发展中出现的亟须解决的综合性现实问题，是推动交叉学科合作的根本力量”[②]。一旦学科定位成为现实，将大大激发中国边疆学学科的无限能量，为当代中国边疆稳定、民族团结、社会和谐，为社会主义中国的可持续发展和长治久安做出应有的贡献。

（二）关于中国边疆学的学术体系

如果说学科体系是关系到学科定位的问题，那么学术体系则是事关一个学科内部体系结构、理论和方法等的建构问题。所谓“学术”，“指的是接受过专门训练的人按特定规范进行的系统性研究活动”，而“学术体系”则是“指由学术活动的若干基本要素或环节以特定方式联系而成的

① 参阅杨飒、晋浩天:《我国新设置“交叉学科”门类》,《光明日报》2021 年 1 月 15 日，第一版。

② 吴楠:《交叉学科前景广阔》,《中国社会科学报》2020 年 8 月 31 日，第 1 版。

具有特定结构和功能的学术研究活动的整体”。任何学术体系都包括三个方面：其一，学术活动的基本要素或环节；其二，这些基本要素或环节之间的联系方式，既包括横向联系，也包括纵向联系；其三，由这些基本要素通过特定方式联系而成的学术活动整体及其内部各要素所具有的功能。“学术体系是一种活动体系。”[①]

有关中国边疆学学术体系，我曾在拙著《当代中国边疆研究（1949—2019）》中，在中国边疆学科分类设置命题下做过如下阐述：

“根据中国边疆学的学科特点，中国边疆学的内涵可包括两大领域，暂以‘中国边疆学·基础研究领域’和‘中国边疆学·应用研究领域’来命名”。对中国边疆学学科的二级学科设置分列了七项，即：中国边疆历史学、中国边疆政治学、中国边疆经济学、中国边疆人口学、中国边疆文化学、中国边疆地理学、中国边疆民族问题研究。在中国边疆历史学下又可分设中国边疆考古学、中国边疆文献学、中国边疆研究史学；在中国边疆政治学下又可分设中

---

① 参阅谢立中：《探究“三大体系”概念的本质意涵》，《中国社会科学报》2020 年 12 月 24 日，第 1 版。

国边疆安全学、中国边疆法学、中国边疆军事学、中国边疆管理学。[①]

坦率地说，个人对中国边疆学学术体系内涵的思考尚处在动态的变化中，在拜读了李大龙《试论中国边疆学“三大体系”建设》[②]一文后，他对中国边疆学学术体系做了如此表述：“我倾向于主张中国边疆学学术体系由一体、两足、八分支构成，即中国边疆学是一级学科，其下有中国边疆历史（历史）学、中国边疆应用（现状）学两足支撑，研究的具体展开则是进一步划分的中国边疆理论研究、中国东北边疆研究、中国北部边疆研究、中国西北（新疆）边疆研究、中国西藏研究、中国西南边疆研究、中国海疆研究、中国海洋研究等八个分支体系”。

上述见解为我们提供了可进一步思考的蓝本，我想表述三点意见：

一是关于“一体”。考虑到中国边疆学应定位为社会科学学科分类的一级学科，并归入“交叉学科”门类，中国

---

① 马大正：《当代中国边疆研究（1949—2019）》，中国社会科学出版社 2019 年版，第 765~766 页。

② 李大龙：《试论中国边疆学“三大体系”建设》，《中国边疆史地研究》2020 年第 2 期。

边疆学应有自己独立的学科体系，对其他学科的理论和方法应采取兼容并蓄、为我所用的方针，其中当然包括历史学的理论和方法。

在此，我想特别谈谈自己有关中国边疆学与历史学关系认识的变化。中国边疆学与历史学的关系，我不止一次做过表述。最近一次表述是："中国边疆学是一门研究中国边疆历史与现状的专门学科，历史学的理论与历史学的研究方法是中国边疆学赖以生存的基础，但由于中国边疆这一特定研究对象的多维性、复杂性，仅仅历史学科的理论和方法已不能完全适应新形势下边疆问题研究的全部，诸学科间互通、交融和集约成为必要，中国边疆学需要集纳多学科理论和方法，为构筑中国边疆学提供有益经验。"[①] 这一见解已成为多数学界同人的共识，但我经思考再三，似可做三处补充：

其一，将"历史学的理论与历史学的研究方法是中国边疆学赖以生存的基础"，在"赖以生存的基础"之后加上"之一"，似更符合中国边疆学实际。

---

① 杨东采访整理：《中国边疆研究的回顾与前瞻——马大正先生访谈录》，《中央社会主义学院学报》，2021 年第 1 期。

其二，强调中国边疆学要依托历史学没有错，但切记，不要将“依托”变成“依附”，若如此，中国边疆学岂非成了历史学的附庸，丧失了独立性，这对一门学科的发展将造成致命的制约。

其三，将边疆史列入一级学科历史学下二级学科专门史里，无疑是符合实际的，但中国边疆学绝不是边疆史研究的简单发展，而应是边疆研究的凤凰涅槃！

二是关于“两足”。将“两足”表述为中国边疆历史（历史）学和中国边疆应用（现状）学，“中国边疆历史学”当然没有问题，但“中国边疆应用（现状）学”的命名，加之，将中国边疆学一体之下按基础研究与应用研究作为支撑“一体”之下的“两足”，似尚有进一步推敲余地。基础研究与应用研究实是指研究方法的分类，从中国边疆研究实际看，基础研究与应用研究很难截然分开，而应是互补、互促的关系。

三是关于“八分支”。这一划分基本符合中国边疆学学术体系实际。中国边疆这一特定的研究对象其特点就是多样性和差异性。从地域层面看，中国边疆实际上涉及三个层面，即边疆地区本身、与边疆地区相连接的边内中原地区和边外相邻诸国。从东北、北部、西北、西藏、西南、海疆六大中国边疆地区看，不仅地理条件、民族民风、文化习俗、历史发展均各有特点，凡边疆研究者都深知，边疆研究难，首先是资料的相异，更不用言及相邻周边诸国的地缘政治研究了。从中国边疆所涉之研究课题看，更可说是天文地理、社会百态、历史现状……无所不包，即以边疆治理命题研究，从历史到当代，政治、军事、经济、社会、文化也缺一不可。所以，中国边疆研究专才难得，出一通才更是不易，因此，需集众人之力，形成合力、集体攻关、始成大业，而其中中国边疆学理论研究当起到核心引领的作用。基于研究对象中国边疆的实际，设置研究的学术体系的“八分支”是一种探索，可在研究实践中臻于完备。

在此思考基础上，试提出中国边疆学学术体系“一体三领域”的设想。

“一体”，即中国边疆学。

“三领域”，即中国边疆理论研究、中国边疆历史研究、中国边疆治理研究。

如果对“三大领域”的内涵再做细化，可做如下表述：

中国边疆理论研究可包括：中国边疆学“三大体系”建设、中国疆域理论、中国和世界各国边界理论等。

中国边疆历史研究可包括：边疆考古、边疆历史、边疆地理、边疆文化、边疆民族、边疆文献等。

中国边疆治理研究以当代边疆治理为主，内容除中国边疆治理古今思想与实践研究外，可依研究地域区分，亦可依研究门类区分。按地域分：中国东北边疆、中国北部边疆、中国新疆—河西走廊、中国西藏、中国西南边疆、中国海疆六大块；依研究门类分，则可分为政治、经济、军事、文化、地缘政治、生态环境等六大类。

（三）中国边疆学话语体系

“话语体系”指的是由言语实践的若干要素以特定方式联系而成的具有特定结构和功能的言语活动整体，话语体系是一种言说体系。而话语体系因其话语者相异又可区分为：学术话语与官方话语、中国话语与西方话语、现代科学话语与传统话语。我们就是要在现代中国话语体系的引导下，通过现代中国的学术体系，去创造现代中国的学科体系。①

---

① 参见谢立中：《探究“三大体系”概念的本质意涵》，《中国社会科学报》2020 年 12 月 24 日，第 1 版。

通俗一点表达即是在中国边疆学学科体系、学术体系意涵的内容下，中国边疆学研究中对一些重大理论和实践问题的结论性意见的表达。我认为中国边疆学话语体系建设核心内容至少可包括六个方面：（1）中国边疆界定的话语体系；（2）“两大历史遗产”在国人历史认知建设中战略地位话语体系；（3）统一多民族中国形成与发展中“统一”与“多民族”的话语体系；（4）亚洲传统“天下秩序”形成与发展过程的解构，或者可称为古今中国与周边关系话语体系；（5）中国传统治边思想及其实践话语体系；（6）海疆与海洋话语体系。

下面对上述六方面中国边疆学话语体系核心内容中的（1）和（2）再做些强调和补充说明。

一是，中国边疆的界定。中国边疆的界定是中国边疆学学科体系建设的出发点和归宿点，也是中国边疆学构筑的出发点和归宿点。就当今中国边疆研究而言，将有国界存在的黑龙江、吉林、辽宁、内蒙古、甘肃、新疆、西藏、云南、广西等九省区及海疆的全部视为中国边疆涵盖范围，是有历史学背景的多数学者的共识。然而，近些年来随着政治学以及其他学科背景的学者积极参与中国边疆研究，在中国边疆的界定上又有高边疆、利益边疆、战略边疆等提法，更有“建构论”“实在论”的认识。由此，在中国边疆学命名上，也提出了“边疆学”“一般边疆学”的新理念。“百花齐放，百家争鸣”，虽然有助于中国边疆研究的繁荣，但却引发了关于中国边疆内涵的讨论。在何为中国边疆这一基本问题上，出现了不同版本的话语解读，让建构完善中国边疆学话语体系更显任重道远。我仍力主还是抓住中国边疆这一特定研究对象来构筑中国边疆学！

二是，在中国边疆学话语体系建设中一定要重视“两大历史遗产”的研究，这是坚守国人历史文化认知的底线。对中国历史文化的认知是重大原则问题，是国人文化认同、国家认同的重要基础之一。对此，我国历史上许多有识之士有过精辟阐论。清代龚自珍曾言：“欲知大道，必先为史。灭人之国，必先去其史。”[①]

我们的先辈为今人留下了两项举世瞩目、无与伦比的历史遗产：幅员辽阔的统一多民族国家和人口众多、多元一体的中华民族。这是中国不同于世界上任何一个国家的

---

① （清）龚自珍《定庵续集》卷二《古史钩沉二》，《龚自珍全集》，上海鸿文书局 1902 年印。

特殊国情，也是每一个中国人历史文化认知的核心内容。这些都是大道理、大前提。有了这样的历史文化认知，大道理就能够管住小道理，大前提就能够管住小前提。我们要通过长期、扎实的研究，努力使这些大道理、大前提深入人心，成为中华民族每一成员的共识。

两大历史遗产是中国与中华民族生生不息的强大原动力，是物质与精神的有机结合、互补互促，并成为每一个中国人的宝贵精神财富。中国边疆是两大历史遗产的交会平台，两大历史遗产研究应成为中国边疆学话语体系一项重要内容。今天，我们更应该在铸牢中华民族共同体意识理论框架下开展对两大历史遗产宏观与微观相结合的研究，并将历史成果普及于国民教育之中。

20 世纪 90 年代以来，在美国的中国学研究中出现了一个小众研究群体——学界称之为“新清史”研究者。“新清史”研究者虽然一直标榜自身研究的学术性，但其一些理论与观点确实具有很强的政治性和蛊惑性，不仅对我国传统的“大一统”和“多元一体”历史观形成挑战，更容易被国内外分裂势力所利用，从而消解当今中国对边疆地区管治的合法性，潜在的政治危害不容低估，需要高度警惕[①]。

我们应为坚守国人历史文化认知有效发声，并使之成为中国边疆学话语体系的重要核心内容。

三、中国边疆学的学科特点、基本功能和研究方法

（一）中国边疆学的学科特点

中国边疆学的学科特点可概括为如下5个方面：

其一是战略性。中国边疆特殊的战略地位，决定了中国边疆学的首要学科特点即是战略性，它的战略性集中表现在要研究制定国家治理边疆的大战略，以及不同层级的治理边疆大战略的中长期规划与顶层设计。

其二是综合性。中国边疆学是一门综合性学科，中国边疆社会既是统一多民族中国的有机组成部分，本身又是一个有机整体，研究中国边疆，涉及边疆形成和发展的历史及规律，涉及边疆地区政治、经济、民族、宗教、文化

---

① 参阅马大正主编：《清代中国边疆治理研究》，中国社会科学出版社2021年版，第558~562页。

等方面。这些具体研究领域各有相应学科，也有相应学科没有涵盖的研究范围，但结合历史与现实，从中国边疆整体出发进行综合研究，只能是中国边疆学。同时这种综合性的特点，还体现在中国边疆学研究视角、研究方法的综合性上。

其三是现实性。中国边疆学研究的范围虽然包括边疆的历史与现实，但它主要面对的是中国边疆地区的今天和未来，这是中国边疆学研究的最终目的。当前，中国边疆地区正处于急剧的社会变迁与转型时期，实现边疆地区现代化是时代的主流，因此，中国边疆学以中国边疆地区现代化为中心，以改革、发展与稳定为基础，以维护国家利益为最高原则，展开研究，正是由其现实性的特点所决定的。

其四是实践性。中国边疆学在注重研究中华文化积累、开展相关“绝学”研究外，研究更应面向现实。实践性是中国边疆学研究一贯和典型的特征，实践性着重于研究的应用性，强调它的指导和改造社会实践的可能性。探索边疆历史上的难点问题、现实中的热点问题，正是中国边疆学实践性特点的体现。需要指出的是，为现实服务，不能混淆研究与宣传的界限，应以科学和理性的精神来观察现实、分析现实、指导现实。作为学科研究，既要适应社会，又要引导社会，否则，学科将丧失生机与活力。

其五是预测性。中国边疆学研究的中国边疆是一个不断动态变化的领域，这决定了研究必须具有预测性，要能预测挑战与机遇，更要能应对挑战与机遇，居安思危的意识时刻不可缺少。

（二）中国边疆学的基本功能

中国边疆学的基本功能可概言为文化积累功能和咨政育民功能两大方面，具体说，有以下四点：

其一是描述功能。描述是指客观地搜集、记录和整理边疆社会的事实及其过程，着重解决“是什么”的问题。这是任何一门学科研究的基础和出发点。

其二是解释功能。中国边疆是一个不断变化的复杂有机体，现实社会的各种现象和众多问题相互矛盾、相互依存、相互交错，中国边疆学的解释功能就是要在说明“是什么”的基础上，解决“为什么”的问题，探寻中国边疆形成和发展的规律。

其三是预测功能。中国边疆学研究的最终目的是促进边疆地区的巩固，促进边疆地区社会的正常运行和发展，因此在理清因果关系、明了事实的基础上，还必须对边疆社会的现象与问题，及其发展趋势做出科学预测，提出可操作性的对策，使学科发展与社会实践更加紧密地结合。也就是说，在解决了“是什么”、“为什么”后，应进而探求“怎么办”的问题。前瞻性、预测性与对策性研究是中国边疆学实用价值的集中反映，也是学科服务于实践的直接体现。

其四是教育功能。中国边疆学作为综合研究中国边疆历史与现状的学科，在对边疆社会的认识与分析中，本身即影响着广大民众的世界观、价值观、国家观、民族观、历史观等方面，事实上发挥着直接教育和间接教育的功能。

（三）中国边疆学的研究方法

中国边疆学特定的研究对象决定了研究方法中的三个有机结合，即从研究对象而言，中国边疆是历史与现实的结合；从研究类型的分类而言，是基础研究与应用研究的结合；从研究方法而言，是多种学科研究方法的结合或整合。

为了说清研究方法的三个有机结合的重要性和必要性，试以中国边疆治理领域研究的深化略做阐论。

深化当代中国边疆治理研究，从研究方法层面言，三个有机结合缺一不可。这是因为：

一是，当代中国边疆治理战略与战术探研，现实调研当为首要，但历史的认识也必不可少，如此才能使研究现实的针对性具有历史的厚度与深度，历史与现实的结合必不可少。

二是，当代中国边疆治理战略与战术探研，研究结论以史为鉴与实际的可操作性两者缺一不可，基础研究与应用研究必须有机结合。

三是，当代中国边疆治理战略与战术探研，面对的是边疆社会，甚至是中国社会的方方面面，研究一项社会系统工程，单靠一门学科的理论和方法是远远不够的，而应是多种学科理论和研究方法的结合或整合。

这几年从边疆中心到中国边疆研究所的研究实践也充分证明了中国边疆学特定的研究对象决定了研究方法的三个有机结合命题的正确。

题之七，中国边疆学研究学术共同体建设

为了使中国边疆学研究不断深化有可持续发展的保障，加强中国边疆学研究学术共同体建设应是值得思考并付诸行动的一个新的关注点。如何培养高水平的中国边疆学研究人才和管理人才，如何实现团结凝聚、代有新人，当是加强中国边疆学研究学术共同体建设不容忽视的议题。

以中国边疆学研究为主业的研究机构和个人，以及兼顾中国边疆学研究的研究机构与个人是中国边疆学研究学术共同体的主要组成部分。由于中国边疆治理是国家治理现代化的重要一环，所以凡涉边疆治理的党、政、军、警、群诸部门的决策者、管理者和研究者也应是中国边疆学研究学术共同体的重要同盟军。因此，中国边疆学研究学术共同体是一个集机构与个人的巨大集群，作为研究平台的专门研究机构固然重要，但关键还是人，特别是专门从事中国边疆学研究的研究者。

一、中国边疆学研究学人群体的历史责任

由于中国边疆具有如下特点，即：

一是，悠久的历史——曲折发展过程中的连续。

二是，广阔的地域——分散发展演进后的统一。

三是，多样的民族——自立发展基础上的融合。

四是，复杂的问题——多重矛盾发展的叠加。

因此，研究中国边疆人才的培养应有符合研究中国边疆特点的针对性要求，以下两个方面我认为是不应忽视的：

一是，专业知识的积累应做到点与面的结合。专业知识包括资料积累、不同学科理论和方法、外语或少数民族语言文学的掌握和运用三个方面。以资料积累言，研究者除要掌握有关中国边疆的综合性原始资料外，还要针对不同中国边疆地区历史与现状积累资料，所谓点面结合之意即在此：掌握不同学科理论和方法，要精于一门，还要兼及其他，如若立足于历史学，政治学、人类学等学科的理论和方法也应熟悉和运用：同样，精于一门外语对研究者是硬指标，若再能掌握一门少数民族文字，则是锦上添花。以培养一位新疆研究者为例，资料积累上应具有新疆地方史研究的基本史料积累，但对中国边疆通史的综合性文献

不能空白一片；如若是以历史为主，当然要熟练掌握历史学的理论和方法，但研究重点若是从历史到现实的新疆治理，那政治学、人类学、民族学的理论和方法是不可缺少的；再说外语和少数民族语言文字，俄文或英文至少应熟练掌握一门，若能再掌握满文、蒙古文或察合台文中一种，就更好了。

二是，要不断提高政治判断力、政治领悟力和政治执行力。研究中国边疆，基础研究领域涉及历史经验的总结，应用研究领域更是要着力于研究的战略性、预测性，在研究中不可避免遇到诸多非学术因素的制约与干涉，因此，对于研究者的政治判断力、政治领悟力和政治执行力有更高的要求。在中国边疆学研究的队伍建设上应着力培养既长于基础研究，又善于应用研究的复合型人才，因为中国边疆作为研究对象本身的特点，就很难明确区分基础研究与应用研究的界限，加之缺少了基础研究的长期积累，应用研究只能就事论事，难以取得具有战略性和预测性的高质量研究成果。我们提出依托历史、直面现实、着眼未来，其本意也即在于此。

2019 年年末，我在《中国史研究动态》编辑部一次采访时，回答“作为老一辈边疆史学家，您能谈谈自己的治学方法，给年轻学子提供些经验吗？”时说：

我从事边疆史地研究已有多年，为边疆学的构筑还在孜孜不倦的努力，经验也谈不上，根据这么多年的治学实践，心得体会倒可以总结几点供大家参考。

（1）史学工作者要有一定的社会责任感。这就要求自己的研究成果要有利于学科建设的总体发展目标，并且保证自己的研究成果具备可延伸的潜力，能够发挥以史为鉴的社会作用。

（2）中国边疆研究的一个优良传统就是求真求实。一要求真，要挖掘历史真实的一面，永远遵循实事求是的原则。二要求实，就是要求研究者必须脚踏实地，面对历史与社会现实要具有强烈的使命感和责任感。

（3）第一手资料对历史研究是非常重要的。资料收集是研究的基础，包括相关文献、档案、口述记录等，要掌握一定的搜集、整理方法，适当加以利用。尤其是各少数民族文字记载的史料，对研究边疆史地具有特别重要的意义。另外，掌握了一手材料还不够，资料的鉴别是研究的开始，对任何史料都不可不信，又不可全信，考据比对是鉴别真伪的可靠方法。

（4）读万卷书，行万里路。尽管对于边疆研究工作者来说也得有“板凳需坐十年冷”的精神，但同时实地调查更为重要。所谓百闻不如一见，到边疆地区走一走、看一看、听一听，是大大有利于研究深化的。如果只有书本上的那点眼界，也很难有大的胸怀，做出大的文章来。

（5）选择恰当的研究切入口。对于一个初入史学大门的年轻学者，我比较建议选择适合自己的研究视点。能够选择恰当的研究切入口，已经是学术研究成功的第一步了。对于年轻的学者而言，起初最好不要选择过大的题目，但要有一个宏观的概念，微观研究是研究的入门，而宏观研究则是研究升华的开始。微观研究和宏观研究要相兼顾，宁可小题大做，而不可大题小做。研究时要心有全局，尽量使自己的研究成果能做到分则成文、合则成书。

再补充一点，作为一个从事人文社会科学的研究者，应努力在自己的研究实践中培养自己掌握“四会”的能力，即会研究、会写作、会讲课、会科研组织，如能如此，必然会大大有利于自己研究的开展与深化。

上述五点如果对年轻学人能有一点参考价值，幸莫大焉！谢谢您的采访。

二、中国边疆学研究管理者群体的责任担当

一是，要理顺研究与决策的关系。研究与决策有着密切关系，但不应将两者等同。研究的结论虽是进行正确决策的重要因素，但不是唯一因素。研究的最高原则是科学的求实，而决策的基本出发点是维护国家的根本利益。在研究与决策中，决策者是矛盾的主要方面，在正确处理两者关系时，决策者需要有更多的政治家气度与远识，应该为研究者进行实事求是的研究提供更有利的条件和保证。当然，研究者也应发扬中国边疆研究的爱国主义和求实精神的优良传统，为政治家、军事家的正确决策提供扎实、可靠的研究成果。

这里让我又想起一段往事，1987 年我调入边疆中心后，为打破禁区，推动边疆史地研究开展，在工作中得到时任中国社会科学院副院长丁伟志教授的悉心指导和大力支持，可以说中国边疆研究得以开展，中国边疆史地研究中心得以发展有伟志教授的一份功劳。1988 年我们策划由中国社会科学出版社出版一套"中国边疆史地研究丛书"，伟志教授不仅全力支持、多方协调，还在百忙中于 1988 年 8 月 1 日为丛书专门撰写了《〈中国边疆史地研究丛书〉序》，对开展边

疆研究正确处理政治与学术的关系发表了非常中肯的见解，对此真知灼见，我曾在不同文章和讲演中多次引述过，在此还想抄录如次，与读者共温同享：

“正因为是科学事业，边疆史地的研究过程中，出现匡正旧说、提出新见的事，论断分歧、发生争议的事，都是不可避免的、正常的，都是学术发展的契机。也正因为这样，边疆史地研究的成果所表述的只是学者们的学术见解，而不是代表任何社会集团的意愿，更不是代表政府在边疆问题上的政策和态度。切切不可把学者在边疆史地研究中发表的学术观点错当成某种政见而给以过分的责怪，或过度的重视。只有各界人士把学人之言作为学人之言宽厚待之，学者才能在边疆史地这个有时还颇带敏感性的研究领域中放开手脚做事，边疆史地研究这块科学园地才能真正得以垦拓，得以繁盛”①。

二是，“两个分开”②。中国疆域历史和现实中存在诸多难点和热点问题，对此，边疆理论研究必然要予以正视，

① 参阅马大正主编：《中国古代边疆政策研究》，中国社会科学出版社 1990 年版，第 3 页。

② “两个分开”是指在研究中应坚持学术与政治分开、历史与现实分开的原则。

并探索解决之途。这些难点与热点问题的出现，原因是多方面的，归纳起来主要有：一是研究层面原因。由于历史情况复杂，史籍记载多有歧异，引起研究者们探求的兴趣，此类难点、热点问题，可以通过深化研究逐步解决。二是政治层面原因。这一层面原因又可分为正常的和不正常的两类。所谓正常的，是指不同国家出于国家利益的考虑，要建立本国的历史体系，强调自己国家历史的悠远、维护独立传统之辉煌。对此，即便有悖历史的真实，可以求同存异，以宽容之态度待之；所谓不正常的，是指个别国家或个别团体、个人出于狭隘民族国家利益考虑，不惜故意歪曲历史事实，并将历史问题现实化、学术问题政治化，通过被歪曲的历史事实，煽动民族主义狂热情绪，制造事端。对此，我们应讲明历史真相，有利、有理、有节，据理力争，决不姑息迁就。上述原因是相互交织、又是互相影响的，情况十分复杂。对此，我们应本着国家利益高于一切的原则，保持政治警觉，潜心深化研究，对一些有争议的问题，在坚持学术问题与政治分开、历史问题与现实分开的前提下，倡导和而不同，增信释疑，求同存异，在学术的轨道上心平气和地展开讨论。

三是，作为一个负有推动、组织学科发展责任的一线领导者，应心怀学科发展的全局，及时制定有可操作性的举措，并能取得实实在在的社会效益（指学术著述出版和成果的决策参考率）。要把建设具有中国特色新型智库提上工作议事日程，要从推动科学决策、民主决策，推进国家治理体系和治理能力现代化、增强国家软实力的战略高度，把中国边疆研究不断深化和拓展，把中国边疆研究机构办成具有中国特色的新型智库。非此，就不能称之为合格的组织者、领导者，因为这样的研究工作组织者、领导者徒有其名，而无其实，没有尽到守土有责的历史责任。

三、中国边疆学研究学术共同体的团结凝聚

中国边疆学研究学术共同体的组成，包括机构和人才，机构是指以研究中国边疆为己任的实体研究机构和非实体研究机构，而人才则包括研究学人和研究工作的管理者，后者是研究队伍中一支特殊的群体，从当下实际看，相当多的资深研究者大都属业务、行政“双肩挑”者，这样的研究者现状，大有利于中国边疆研究沿着学术规律的轨道有序推进。

如何完成“团结凝聚”中国边疆学学术共同体的重任，

中国社会科学院中国历史研究院中国边疆研究所责无旁贷，这既是中国边疆研究所面临的挑战，也是中国边疆研究所再创辉煌的难得机遇。

如何实践，历史的经验值得重视。

20 世纪 20~40 年代是中国边疆研究引人注目的兴旺时期，当时学人辈出，学术团体和刊物如繁星满天，用群星璀璨形容当时的中国边疆研究状况并不为过。成立于 1934 年的禹贡学会是其中最耀眼的一个。禹贡学会的历史功绩，不仅在于出版了一批有价值的边疆史地的论著和资料，还在于造就了一代边疆史地研究人才。禹贡学会的学术研究成果已成为宝贵的历史遗产；而禹贡学会学术组织工作的经验同样也是后来者团结凝聚中国边疆学研究学术共同体难得的精神财富。

禹贡学会在学术组织工作的成功经验可归结为四：

一是，推动一门学科的发展，首先要提出符合学科发展的远景规划，以及为实现这一规划的切实可行的近期计划。

二是，要使符合学科建设需要的远景规划和近期计划真正付诸实践，还必须要有一套行之有效的学术组织工作的正确方法，从而将自己的主张变成群体行动，着眼于青年，精心引导、放手培养，是禹贡学会学术组织工作的基本指导思想。

三是，爱国之心与创业之情是推动禹贡学会同人艰苦创业、共同前行的原动力。

四是，同事之间、同人之间的“同声相应、同气相求”，是促进禹贡学会同人默契配合、上下求索的催化剂。

但是，若仅仅由此得出唯有创立全国性中国边疆研究学会，才是实现国内边疆研究队伍团结凝聚重要途径的结论，尚有偏颇之处。

与禹贡学会同时代的涉边疆学会，世上存名的有几十个之多，即以当时成绩斐然的禹贡学会而言，学会本身只是一个平台，关键还是主持这一平台的实际掌门人的智慧与能力。禹贡学会学术组织工作有声有色，是与顾颉刚先生的努力分不开的。著名生物学家兼农史学家辛树帜曾说，“像顾先生这样大的学者，在学术上泱泱大风，他的特点是识高于才，才高于学，而学冠群伦，所以才成为史学大师”[①]。顾颉刚先生确实是 20 世纪中国学术史上一位卓有成

① 刘起釪:《顾颉刚先生学述》，中华书局 1986 年版，第 341 页。

就的史学大家。他是五四运动后出现的“古史辨学派”的创建者，他的疑古精神是当时反封建思潮的一个侧面。他又是我们历史地理学科的奠定者，是边疆史与民族史、民俗学与民间文学的倡导者。但是，我们知道，一位著名的史学大师，并不一定是一位优秀的史学工作组织者。而顾颉刚先生则是一身而二任，他兼具优秀学术组织者不可缺少的品德：他学识渊博，心有全局，能将远景规划融于切实可行的实践之中；他广交同人，切磋学识，随时吸取有益营养，日新又新地开发新的学术园地：他平易近人，心胸宽广，热心提携青年，不断扩大研究队伍。正是在顾颉刚先生的指导下，禹贡学会在 20 世纪 20 年代至 40 年代中国边疆史地研究高潮中，极有光彩地造就了一代中国边疆研究学术群体，将中国边疆研究推进到一个新的阶段①。从禹贡学会成功案例可以清晰看到，关键不在于学会本身，而在于有能力利用学会平台、推动学术发展的学术大师。

如果民国时期已远去，业内诸位还可以共同回忆 20 世纪 80 年代以来中国边疆研究所（前身为中国边疆史地

① 参阅《禹贡学会及其学术组织工作》，马大正《边疆与民族——历史断面研考》，黑龙江教育出版社 1993 年版，第 65~83 页。

研究中心）的学术实践，这也可视为中国边疆研究第三次高潮出现的推动力之一的成功案例[①]。亲切的记忆，同样也已成为一代学人的精神财富，并为今日团结凝聚中国边疆研究学术共同体提供启迪和借鉴。

由此，结论如次：强化中国边疆学研究学术共同体建设要紧抓两个重点：

一是，培养高水平的中国边疆学研究人才，是中国边疆学研究学术共同体得以可持续发展的基础与根本。

二是，团结凝聚中国边疆学研究学术共同体的关键不在于研究机构或研究学会平台的模式，而在于要有推动中国边疆学有序前行、众望所归的研究大家和科研组织者。

① 有关中国边疆史地研究中心当年开创性科研实践的评议，可参阅马大正：《当代中国边疆研究（1949—2019）》第四章“中国边疆史地研究的繁荣”和第五章“当代中国边疆调研的展开”。中国社会科学出版社 2019 年版，第 95~134 页。

题之八，路漫漫兮，任重而道远

在几代学人不懈努力下，中国边疆学学科建设步入快速发展轨道。近年来围绕中国边疆学开展的互动交流、学术讨论十分热烈，相关研究成果超过以往任何一个时期，可以说构建“中国边疆学”已经从“呼声”转化为学科建设的具体实践，成为边疆研究学术界的共同目标和任务，虽路漫漫兮，但中国边疆学前行的步伐确是行稳致远。

一、不忘初心，用中国理论解决中国问题

中国边疆学是一门全方位研究中国边疆的极具中国特色的交叉学科，中国边疆学就是要打造具有中国特色、中国风格、中国气派的学科体系、学术体系和话语体系。

我们应该立足中国政治文化传统实际，从中国漫长的历史时期和复杂丰富的现象中，梳理和总结出中国边疆研

究的一般性、规律性和突出特点，建构中国边疆研究的学科体系、学术体系和话语体系。中国边疆学就是研究中国边疆从历史到现实所有问题的综合性学科，我们在借鉴西方学界相关理论时，一定不要忘记中国特色。

关于中国边疆学科建设，学术界提出了多种观点，可谓异彩纷呈，呈现出“百花齐放、百家争鸣”的良好态势。但是在众说纷纭中，中国边疆学学科建设的诸多命题似乎重新变得混沌起来，比如学科定位问题、学科内涵问题、学术体系框架问题，等等，思想在不断深化的同时，认识差异却有不断加大的趋势。尽管认识上的不一致是十分正常的现象，尽管各种观点理应得到尊重，但“不忘初心，方得始终”，在构建中国边疆学的讨论中，我们不能忽视提出这一命题的初衷，更不能迷失这一命题的方向。因此，始终清晰认识中国边疆学的理论起点和实践起点，这是我们把握“初心”的根基，始终准确定位中国边疆学的学科目标、学科任务、学科宗旨，这是我们“牢记使命”的关键；始终牢牢把握中国边疆学的时代背景、时代要求、时代方向，这是我们“继往开来”的前提，唯有此，才能使中国边疆学的建设基础更牢固，才能使中国边疆学的发展航向不偏离。[①]

总之，一句话，不忘初心就是不能忘记中国边疆的实际，不能忘记我们提出构建中国边疆学的初心即是为了解决中国边疆面临问题的初心。用中国的理论解决中国的问题。

二、中国边疆学研究演进历程中值得重视的五个节点

中国边疆学从提出到思考的不断深化，是一个渐进、持续的进程，在这个颇显漫长的进程中，我深感如下五个节点不容忽视，都应该成为我们深化研究重中之重的关注点，不断赋予其新的内容。

一是，对中国边疆研究千年积累、百年探索的继承，以及 40 年创新实践的总结，是中国边疆学构筑的准备。

二是，对中国疆域理论不断探究，是中国边疆学学科

---

① 李国强：《夯实构建中国边疆学的基础》，马大正《当代中国边疆研究（1949—2019）》，中国社会科学出版社 2019 年版，第 738~739 页。

建设的基础。

三是，对中国古今边疆治理理论与实践的全方位、多维度研究，特别是当代中国边疆研究的展开，是中国边疆学研究的有效切入口。

四是，当代鲜活的现实生活的紧迫要求，是推动中国边疆学发展的重要推动力。

五是，中国边疆学研究学术共同体建设和凝聚，是中国边疆学得以可持续发展的保证。千秋基业，人才为先，人才是第一资源，有着其他资源无法比拟的无限可开发性、可创造性，要牢记古训："千金何足异，一士固难求"，要懂得：懂人才是大学问，聚人才是大本事。

上述五个节点包含着丰富内涵，研究亟待深化，为此我呼吁应策划三套丛书的出版，丛书将成为中国边疆学研究繁荣的坚实、持续的学术平台而留名青史。三套学术丛书是：

一是，"中国边疆研究史理论与实践研究丛书"，丛书将从中国边疆史的视野，对中国边疆研究的千年积累、百年探索和 40 年创新进行面和点相结合的回溯和总结，特别应将重点放在 40 年创新的经验与教训的总结上。

二是，"中国边疆治理的理论与实践研究丛书"，丛书将从中国边疆治理的思想、理论、政策，以及经营实践出发，依托历史学、政治学、社会学、民族学等诸学科的理论和方法，对从历史到现实的中国边疆治理进行全方位或断代的宏观与微观相结合的研究。

三是，“中国边疆学理论研究丛书”，应创造条件、积累资料、广泛调研、组织力量、集思广益，启动《中国边疆学通论》（暂用名）的研究与撰写，该项目具有理论的创新性、研究的开拓性、学科建设的基础性，其内容应包括中国边疆学的学科定位、学术内涵和外延、研究特点和方法、研究功能和价值等问题。通过努力，向社会奉献极具中国边疆时代特色的中国边疆学“通论”、“引论”、“概论”……之作。

三套丛书共同的特点可归之为：

其一，古今贯通，以今为主。

其二，宏观与微观研究相结合。

其三，学术性、原创性应是丛书追求的学术定位。

三、边疆学人的责任担当

中国边疆学理论与实践研究的深化，是边疆学人的责任担当，我想以深化中国边疆治理为中心表述如下思考。

（一）继承中创新

1. 历史上民族政策中的“因俗而治”问题

“因俗而治”是历代民族政策研究中为学人重视的一个大问题，论文、专著很多，综其成果来看，大都是论其治边中的积极方面。但对因俗过度而对国家边疆治理造成的负面影响，论者甚鲜！今天学人应立足现实、回观历史，对“因俗过度”的消极面的探究，给以更多关注。

2. 清代的民族起义问题

对于清代的民族起义应该实事求是地进行分析和评价，不能简单因为反清、反封建统治就认为它就是革命。我们不能美化清朝的封建性，但在国家治理层面上，也应看到清朝治理的合理性。过去所有的反清运动都被认为是革命，现在对这个问题应该在国家治理大视角下进行实事求是的再研究、再评价。有的民族起义我们可中性的描述，但有些打着反清的旗号，其实不是反清，实际上是狂热的“圣战”或民族屠杀，对此也不能美化（当然对于历史上民族之间的屠杀也不能渲染）。这个问题，也值得大家在以往研究的基础上从一个问题到一个问题、一个人物到一个人物，最终由点到面进行深化研究。

我们还应该寻找一个理论的平衡点，既要肯定反封建的革命性，也要承认清朝所进行的国家治理的合理性。这两者怎么能找到一个理论的平衡点？这个理论平衡点很复杂，处理不好，会影响民族团结。

3. 边疆大吏的素质和作用问题

这个方面过去研究不够。在治理边疆过程中，边疆大吏的作用不可否认，每个边疆大吏的素质，往往关系到边疆治理的成败，以及边疆政策执行的效率。跟边疆大吏有关的，是清代在治理边疆时中央决策执行得正确或失误。以前对清前期的边疆治理，我们往往肯定其成功，但是在成功的前提下也有失误，哪些失误是时代性的？哪些失误是由于阶级利益所决定的？哪些失误是因为当时的条件做不到的？对于清晚期，我们往往否定的多，肯定的少。但是晚清收复新疆，除了左宗棠之外，如果没有以慈禧太后为代表的最高统治层的支持，左宗棠也做不了多少。虽然清晚期有一系列的卖国和丧权辱国的行为，但是在治理边疆上也有亮点，在边疆设立行省，比如在新疆建立行省就是一个亮点。所以这样的问题，也值得我们在前人研究的基础上进一步深化。

4. 藩属制度、朝贡体系问题

怎么在前人研究的基础上，引入新的学科理论和方法，放在东方社会视角下，不要拿西方学者的民族国家理论生搬硬套，否则会越梳越乱。这两个问题，研究深化的空间还是很大的。

（二）开拓与深化

1. 当代中国边疆治理大战略研究。习近平总书记提出的“治国必治边、治边先稳藏”，“铸牢中华民族共同体意识”两大命题是新时代边疆治理大战略的核心内容，值得边疆学人深切领会和阐释。

我们应对“治国必治边、治边先稳藏”重要战略思想的理论内涵与时代意义，以及对当代治藏方略进行深入阐释和研究，而在深化“铸牢中华民族共同体意识”研究中，如下研究课题应予以特别的关注：

一是，中华民族共同体意识的理论研究，其中包括，“中华民族”一词的产生，以及不同历史时期其政治、人文内涵演变研究，中华民族共同体内涵研究，中华民族共同体意识研究，中华民族共同体建设研究，等等。

二是，铸牢中华民族共同体意识中，“意识”的内涵与作用的理论研究，怎样“铸牢”的对策性研究。

与此同时，还应该认真梳理中共几代领导集体治理边疆理论与实践，系统进行资料收集和研究。

2. 当代中国人继承了先辈留下的两大历史遗产，一是统一多民族的中国，一是多元一体的中华民族。这两大历史遗产是祖先留给我们的，也是现在中国人要面对的，在现实生活中也是当代中国人历史认知的基点。两大历史遗产的形成及其重要性和战略地位，我觉得现在研究远远不够。

3. 我们统一多民族中国的疆域形成、发展、奠定及其历程和规律的研究，可以从点到面，正面谈我们的认识，建立我们自己的理论体系、话语体系。

4. 对多元一体的中华民族的形成和发展，同样也需要把历程和规律讲清楚。举个例子，我们在撰写清史的过程中，关于清兵入关，就有人把满族看作外国人，与日本人侵略中国相同看待。二者完全不同的。满族是中华民族的一员嘛！当然我们不隐讳清兵入关战争中的屠杀。这些大题目，我们如果可以讲清楚，对于我们建立学术体系、学科体系、话语体系会有重要帮助。我们不奢望西方各类人士认同我们，但是我们要把话语体系放到世界上去。

5. 深化对以“疆独”、“藏独”为代表的当代分裂势力的研究。我们在现实中面临分裂势力的挑战，原来是“藏独”，从20世纪90年代以后，“疆独”后来居上。无论“藏独”，还是“疆独”，每个地区分裂势力发展的脉络不完全一样，但有一个共同的特点，就是它们之所以能够成气候，关键还是那个时候当地民众的文化认同和中华文化的认同距离很大。从20世纪50年代，“藏独”的问题就提上议事日程，1959年的叛乱、达赖出逃、1962年对印自卫反击战，到后来“藏独”的起起伏伏，在国际上成了西方国家制约我们的一张牌，达赖成了境外势力反华的工具，不承认这一客观事实不行。我们曾专门研究达赖在国外的活动，他的起起伏伏直接跟美国的对华政策有关系，什么时候中美关系好，达赖的活动频率就低、调门就低，什么时候美国跟中国闹别扭了，达赖就跳得高。

“藏独”有什么理论吗？它没有太多的理论依据，“藏独”的历史依据都是站不住脚的。达赖喇嘛的年事已高，境外的“藏独”势力也分化成几股力量，有少壮派要搞“武装斗争”，有的要走“和平路线”。现在“藏独”问题还没有彻底解决。

从整个边疆地区安全的角度观察，新疆反分裂斗争凸显。我从1990年以后一直研究新疆的反分裂斗争，反分裂斗争后来演变成了反恐斗争，这是一个发展的过程。与“藏独”相比，新疆的分裂势力有所谓的“理论基础”，即所谓的“双泛思想”。这个“双泛思想”于19世纪末在中亚产生，当时，中亚国家为了反对大俄罗斯，形成泛伊斯兰主义、泛突厥主义，“双泛思想”后来被土耳其接受，土耳其则强化和发展了泛突厥主义。20世纪初，“双泛思想”通过中亚、西亚的渠道传到新疆，当时，有些新疆留学的、经商的知识精英开始接受这些东西。正值杨增新任新疆督军，他打压“双泛思想”，防止其传播。

一种思想出来了，通过精英们传播，这些精英们相信这个思想，并把这个思想政治化，在这个过程中间，形成一个核心力量。这个核心力量要把政治化的思潮变成政治行动。到了20世纪20年代末，“双泛思想”在维吾尔族中间已经形成一个精英集团，这个精英集团把这个思想政治化以后，结合到他们的政治活动中，所以才有1933年的“东突厥斯坦伊斯兰共和国”，它是新疆历史上第一个真正意义上的分裂主义政权。这个政权妄图实现中世纪的政教合一，所以不到三个月就土崩瓦解了，连维吾尔族的老百姓都接受不了。尽管这个政权只成立了不到三个月，但政治影响一直持续到现在。

虽然那些搞“双泛思想”的精英们逃出了中国，但是这个思想阴魂不散。20 世纪 30 年代以后，又掺杂了苏联的民族解放运动理论，我们把它称为错位的民族解放运动理论。苏联的民族解放运动理论是通过信仰共产主义的知识分子传进来的，并且苏联的力量也插手新疆。这样，新疆既有“双泛思想”理论的残渣余孽，又有苏联错位的民族解放运动理论，这两个大杂烩混到一起，把新疆看成中国的殖民地。这也就是为什么说“东突”比“藏独”要复杂，一个是它存在“理论”，而且是一个复杂的混合体。另一个就是当地的文化背景因素在起作用。为什么“三股势力”的宣传会起作用？因为有文化的因素在起作用，当地很多人觉得自己的根不在东方，而在西方。宗教极端思想就成了一个动员群众非常好的手段。新疆的问题为什么那么复杂？这都是我们边疆研究需要面对的，要解释清楚的。

当代反分裂斗争中，“台独”是一个特例，因为“台独”没有理论，只有手段，即“去中国化”。我们与“台独”的斗争，实际是与美国的斗争。因为如果没有美国的支持，“台独”一天也存活不下来。

6. 中国边疆学学科理论。中国边疆学基础理论研究亟待加强，中国边疆学学科定位亟待明确，中国边疆学学术体系亟待整合。问题的深化探研，当是边疆学人的职责所在、历史担当。只是在面对历史担当的重任，我想重申两点担忧。

一是，最重要的是，中国边疆学构筑、中国边疆学“三大体系”建设、中国边疆学研究的全面展开，一定要防止边疆概念泛化的倾向，千万不要忘了“中国”两字，不要脱离中国的实际，不要偏离了中国边疆学是研究极具中国特色的中国边疆的一门极具中国特色的“交叉学科”这个方向。我们提倡的是中国边疆学，现在有一些专家，把“中国”两个字去掉了，这里就有一个大问题了。我觉得中国边疆学这样一个边疆，在全世界除了俄罗斯有，其他都没有。小国有边疆吗？它们只有边境地区，没有边疆。边界是每个国家都有的，挨着边界的边境也有，但边疆则是有自己发展特点的地方，除了俄罗斯有边疆，包括美国都没有。美国的所谓边疆，特纳的边疆学讲的是开发西部，跟我们的边疆概念完全不一样。如果是边疆学，就要研究世界的边疆，世界很多国家没有边疆，不是给自己弄乱了吗？这是第一个担忧。

二是，现在有些年轻学者，外语好，用西方的边界理论来套中国的边疆，越套越乱。中国的边疆是中国特色的，它不是民族国家成立以后现代意义的边界。如果用现代意义的边界来看历史上的边疆，越说越糊涂。中国是东方国家，我们古代是有边无界的，那时的中国人脑子里没有那么清晰的边境线，这是中国特点。

（三）走出象牙塔，研究要直面现实、走向社会

塑造合格的中华人民共和国公民是中国边疆治理战略重大举措，边疆学人要走出象牙塔，在边疆教育的战略方向上是可以大有作为的。

社会是由人组成的，一旦作为公民的个体，不具备一个公民的基本素质，这个社会从整体上看就要出问题。

塑造一代又一代合格的中华人民共和国公民实是国家统一、边疆稳定、社会和谐、民族团结的基本保证。

合格的中华人民共和国公民基本要素是什么？我以为可用八字来概括：爱国、守法、进取、自律。

爱国是合格公民的底线，守法是合格公民的准则，进取是合格公民的自强自立基础，自律则是合格公民做人的本分。

塑造合格公民是一项社会系统工程，需动员社会各方面力量，在国家指导下有序推进全民教育，而在多元文化共生的边疆地区更具有特殊重要的地位。

这里所提的全民教育，应该是从娃娃到老人、社会各民族各个阶层全覆盖；教育则是指家庭教育、学校教育、社会教育三管齐下，缺一不可！

家庭教育，家庭是社会的基本细胞，家庭教育对孩子来说是启蒙教育的主战场，家长的一言一行，甚至一个无言的表情，对孩子人生观、是非观的塑造都会起到无形胜有形的作用，古言：子不教，父之过！诚是。

学校教育，以下四个节点应予特别关注：

其一，小学、中学、大学，学校教育的全过程，应一以贯之，一抓到底。

其二，要统一管理民汉教育，不能出现管理上的空白点。

其三，大力推广双语教育，应从法律层面上将普通话定为中华人民共和国国语。

其四，狠抓学校教育的两个关键点：教师和教材。

在学校教育系列中，大学教育更是塑造高层次人才的重要阵地，这一阵地一旦失守，结果必然是培养出的人才

“知识愈多愈反动”，不是共和国的建设者，而是共和国的掘墓人。

社会教育，社会教育涵盖意识形态领域的方方面面，同时也涉及日常生活的细枝末节，更是一项十分复杂的系统工程。我们应将国家认同作为历史教育的刚性目标，历史教育塑造公民的历史记忆，深度影响公民对“自己属于哪个国家”的认识，对建构国家认同至关重要。我们要营造成为一个合格中华人民共和国公民的社会大氛围，树正气、压邪气、辨是非、讲法制，为家庭教育的正常开展、学校教育的有序推进，提供一个全社会的支撑面。加大普及边疆知识和宣传大美边疆的力度，让国人关心边疆、认识边疆、热爱边疆，让学术走向大众，让大众了解学术。这里的大众不光是指千百万普通百姓，还应包括涉边事务的管理者和决策者。

这些方面边疆学人是大有可为的。

历史、现实和未来总是相互联系在一起的：历史是现实的昨天，未来则是现实的明天。中国边疆学研究的对象中国边疆，其本身即具有历史与现实紧密结合的特点，因此，中国边疆学研究必须依托历史、面对现实、着眼未来，这既是中国边疆现实向我们提出的要求，也是中国边疆学科建设的需要。

中国边疆学研究的持续深化，需要学人扎实的研究、持之以恒的决心、锲而不舍的信心，一步一个脚印。即老子所云：合抱之木，生于毫末；九层之台，起于累土；千里之行，始于足下。中国边疆学在中国这片学术沃土中已破土而出，必将成为中国学林中一棵参天大树而展现于世。

后记

值此拙著付梓之际，欣慰与感激之语还是想表述。

欣慰——拙著有幸列入中国边疆所建所四十周年所庆活动项目。作为中国边疆研究老兵中一员，欣喜与慰藉实非言语所能表达，唯有保持一个好心态，有一个好的健康状态，让自己的学术生命多延续几年，为中国边疆学研究多尽点微力。

感激——感激不同时期我研究中的合作者、关注者们的真诚相助。感激中国边疆研究所刘晖春、邢广程、范恩实诸位领导的悉心关爱；还要感激方志出版社的支持和责任编辑徐宏的辛劳！

我最大的心愿是中国边疆学研究不断深化，中国边疆研究所再创辉煌！

诚是！

马大正

2023 年 2 月 22 日